AF250838

GUERRE 1870-1871

Armée du Jura. — Division Ochsenbein. — 2ᵉ Brigade

DÉPARTEMENT DE L'ARDÈCHE

Garde nationale mobilisée. — 2ᵉ Légion

RAPPORT

ADRESSÉ

A MONSIEUR LE MINISTRE DE LA GUERRE

SUR

Sa Formation, — Son Organisation, — Ses Ressources matérielles

ET LES OPÉRATIONS MILITAIRES

auxquelles elle a participé pendant la Campagne 1870-1871

SOUS LES ORDRES

DU LIEUTNANT-COLONEL DEGUILHEM

PRIVAS

IMPRIMERIE DU RÉVEIL DE L'ARDÈCHE. — CH. LÉPICE

1872

ARMÉE DU JURA

ISION OCHSENBEIN

2ᵉ Brigade

2ᵉ LÉGION
des
bilisés de l'Ardèche

OBJET :
port sur les Opérations
de guerre.

A Monsieur le Ministre de la Guerre,

MONSIEUR LE MINISTRE,

J'ai l'honneur de vous adresser le rapport qui m'est demandé par une lettre de M. le Préfet de l'Ardèche.

Ce rapport est divisé en trois parties :

La première partie comprend la formation de la légion (29 septembre 1870) jusqu'au jour où, mise sous les ordres du Ministre de la guerre, elle quitta le département (16 janvier 1871).

La deuxième partie renferme la mise en route et les différentes marches de la légion, depuis le 16 janvier 1871 jusqu'au 10 mars, jour de son licenciement.

La troisième partie a trait à tout ce qui touche aux ressources matérielles et financières.

Je joins à ce rapport une carte du bassin du Rhône, indiquant les différents points occupés pendant la campagne par les trois bataillons de ma légion.

J'ai essayé autant que possible d'être bref, et les recherches, pour arriver à être vrai, ont été longues et pénibles.

Le travail auquel je me suis livré ces jours derniers a réveillé en moi bien d'amers souvenirs ; néanmoins, malgré le vice d'une organisation pour laquelle l'administration n'était pas préparée, malgré l'insuffisance des ressources matérielles, j'ai la conviction que les enfants de l'Ardèche auraient été braves devant l'ennemi qu'ils avaient à combattre. Cette conviction était d'autant plus vive, que je savais pouvoir compter sur le concours énergique de mes trois chefs de bataillon et sur celui d'un grand nombre d'officiers, tous hommes de cœur et patriotes éprouvés.

Si j'ai eu quelque peine à établir et à faire triompher la discipline, je dois cependant constater que dans tous les cantonnements où a séjourné la 2e légion de l'Ardèche, elle s'est fait remarquer par sa bonne conduite.

En quittant mon commandement, il m'est resté un regret : celui de n'avoir pu faire d'avantage pour la délivrance du sol de ma Patrie.

Je reste persuadé encore aujourd'hui que

j'ai fait tout mon possible pour arriver, avec
les faibles moyens dont je disposais, à mériter
cette satisfaction que donne le sentiment du devoir accompli. Sur ce point, ma conscience ne
me reproche rien.

Je suis avec respect,

Monsieur le Ministre,

Votre dévoué et obéissant serviteur,

L'ex-Lieutenant-Colonel de la 2ᵉ légion,

H. DEGUILHEM.

RAPPORT

SUR LES OPÉRATIONS DE GUERRE

auxquelles

la 2ᵉ Légion de l'Ardèche a participé

PENDANT LA CAMPAGNE 1870-1871

PREMIÈRE PARTIE

Formation.

En exécution d'un décret du 29 septembre 1870, tous les Citoyens de 21 à 40 ans, non mariés ou veufs sans enfants, résidant dans le département, furent mis à la disposition de l'autorité préfectorale pour être enrégimentés sous le titre de *Garde nationale mobilisée*. Le Ministre de la guerre devait les réclamer dès que leur instruction militaire leur permettrait de concourir à la défense de la Patrie envahie.

Ce décret, transmis par la préfecture, devait être rapidement exécuté dans l'arrondissement de Privas, grâce au patriotisme des Citoyens appelés sous les armes et au zèle des Commissions municipales.

Le 10 octobre, les compagnies qui devaient composer la 2ᵉ légion se trouvaient formées dans leurs communes respectives et les cadres élus. Elles furent groupées en 3 bataillons dont l'effectif s'élevait à 3,333 hommes. Les conseils de révision, la formation . de 3 batteries d'artillerie et d'une compagnie de francs-tireurs, réduisirent cet effectif à 2,695 hommes.

Appel.

Les hommes devant faire partie de la 2ᵉ légion ont été appelés à l'activité le 5 décembre et cantonnés dans diverses localités du département. Nommé lieutenant-colonel commandant la 2ᵉ légion de l'Ardèche en vertu d'un décret de M. le Ministre de la guerre en date du 30 novembre 1870, reconnu dans ce grade le 5 décembre, je pris immédiatement le commandement de la légion *(Voir pièce nº 1)*.

Cadres.

Les cadres d'officiers étaient le résultat de l'élection, et avaient été pris autant que cela put se faire parmi les anciens militaires gradés ou non gradés.

Les cadres des sous-officiers et caporaux avaient la même origine.

Les chefs de bataillon furent nommés par les officiers réunis par bataillon au chef-lieu de canton.

Le suffrage désigna :

1ᵉʳ Bataillon. — M. Aurenche, Léon, de St-Fortunat.
2ᵉ — M. Parchet, Adolphe, d'Aubenas.
3ᵉ — M. Deguilhem, Henri, id.

A ma nomination de lieutenant-colonel, je fus remplacé :

3ᵉ Bataillon. — par M. Blanc, Adolphe, d'Aubenas, capitaine audit bataillon, élu par les officiers le 11 décembre.

Les capitaines adjudants-majors furent choisis parmi d'anciens sous-officiers, sur la proposition de chaque chef de bataillon ; je soumis à l'approbation de M. le Préfet, pour être nommés dans ce grade, les Citoyens dont les noms suivent :

1er Bataillon. — M. Lacoste-Roche.
2e — M. Salomon, Henri.
3e — M. Jacquart.

Instruction.

La composition des cadres d'officiers et sous-officiers avait permis de commencer l'instruction dans les communes dès le début. Aussi l'école du soldat avait été apprise par la majeure partie des hommes lorsqu'ils furent appelés à l'activité dès le 5 décembre.

En outre, un arrêté préfectoral, en date du 12 novembre, appelait aux chefs-lieux de canton les officiers et sous-officiers seulement, pour apprendre l'école de péloton, sous la surveillance des chefs de bataillon.

Le 5 décembre, jour de l'appel à l'activité pour être cantonnée dans le département, la légion fut, par suite de ces mesures, prête aux manœuvres d'ensemble.

Pendant ces deux mois d'instruction que je surveillai comme chef de bataillon, avec le concours énergique des Commissions municipales, je trouvai parmi les officiers et sous-officiers un zèle et une bonne volonté qui méritent des éloges.

Rassemblement de la Légion.

Par décret du Ministre de l'intérieur en date du 1er décembre 1870 *(Voir pièce n° 2)*, M. le général d'**Azémar** est nommé commandant supérieur des gardes nationales mobilisées de l'Ardèche.

Le 2 décembre, je suis appelé à Privas pour l'organisation définitive des bataillons de la 2ᵉ légion, qui fut arrêtée de la manière suivante :

1ᵉʳ Bataillon. — M. Aurenche, commandant (canton de Privas, Chomérac, Lavoulte) : 10 compagnies.

2ᵉ — M. Parchet, commandant (canton d'Antraigues, Villeneuve-de-Berg, Bourg-St-Andéol) : 9 compagnies.

3ᵉ — M. Blanc, commandant (canton d'Aubenas, le Teil, le Pouzin) : 10 compagnies.

Par arrêté du Préfet en date du 3 décembre, je reçois l'ordre de cantonner ma légion :

1ᵉʳ *Bataillon*. — Privas et Chomérac.

2ᵉ — Villeneuve-de-Berg et Bourg-St-Andéol.

3ᵉ — Alissas, Coux, St-Laurent, Beauchastel.

Le 8 décembre, les bataillons devaient être rendus dans leurs cantonnements respectifs.

Je transmis cet ordre aux commandants des 1ᵉʳ et 2ᵉ bataillons qui les firent parfaitement exécuter. Je partis d'Aubenas avec les compagnies de ce canton faisant partie du 3ᵉ bataillon, et je les dirigeai sur les cantonnements qui leur étaient assignés.

Des accidents ayant rendu le séjour de Coux dangereux pour le détachement du 3ᵉ bataillon qui y était cantonné, j'obtins de M. le Préfet et de M. le Général commandant supérieur de diriger ce détachement sur le Pouzin. Mais j'appris que cette petite ville était à cette époque infectée par une épidémie variolique.

Sur une nouvelle demande, j'obtins de la diriger sur Lavoulte et Charmes.

Obligé d'établir mon quartier général à Privas, où je surveillais sur place l'expédition des objets nécessaires à l'armement, à l'équipement et à l'habillement de la légion, je me trouvais ainsi bien éloigné de certains cantonnements. Quoique cet éloignement me rendît l'organisation difficile, je préférais rester au chef-lieu du département où étaient installés les bureaux du Général, de l'intendance et les magasins généraux.

Dans les cantonnements, l'instruction de la légion se compléta par des exercices journaliers sur l'école de peloton. J'ordonnais des promenades militaires et le tir à la cible toutes les fois que le temps le permettait. On s'appliqua particulièrement à l'école de tirailleurs.

Dans leur rapport avec les populations, les mobilisés faisaient l'admiration des autorités par leur conduite respectueuse. Je n'ai eu à relever que très peu de cas d'insubordination et d'ivrognerie pendant notre séjour dans le département.

Je fis prendre des mesures sévères contre les réfractaires. Vivement traqués par la gendarmerie, ils rentraient peu à peu.

Les dispenses injustes, rigoureusement revisées, firent taire les criailleries de certains mutins qui s'appuyaient sur ces motifs.

A Lavoulte, le directeur de la fonderie retenait encore, sans autorisation, 17 hommes dans ses ateliers. L'absence de ces hommes était une cause de profond découragement pour la 10ᵉ compagnie du 1ᵉʳ bataillon.

J'avisai M. le Préfet de cet état de choses *(Voir pièce nᵒ 3)*. Sur sa réponse, en date du 2 janvier *(Voir pièce nᵒ 3 bis)*, je me rendis à Lavoulte et je réussis à faire rentrer les hommes dans les rangs.

Des réclamations, pour de semblables motifs, se reproduisirent dans la 9ᵉ compagnie du 1ᵉʳ bataillon, composée par les appelés de la commune de Privas. L'effectif de la liste d'appel, dressée par le Maire, s'élevait à 147 hommes, et on n'avait pu avoir encore sur les rangs que 48 hommes : les autres se réfugiaient derrière les bureaux.

J'essayai de m'opposer à ces abus qui entretenaient la démoralisation dans les rangs. Prières et menaces, rien n'y fit ; je me heurtai à des influences de toutes sortes.

Ces dispenses injustes, ces distinctions faites au mépris du bon sens et de l'équité, aboutirent à préparer le soulèvement de la compagnie le jour du départ.

Les besoins du service réclamaient auprès du Général et de l'intendance certains mobilisés, heureux d'échapper aux fatigues de la campagne que tant d'autres recherchaient avec ardeur.

Le génie civil m'avait aussi enlevé quelques hommes, tous gens instruits, à même de rendre de grands services à l'état-major de la légion. Sur mes instances, ils me furent rendus quelques temps après.

La légion ne possédait qu'un seul docteur, M. Vaissette, entré volontairement dans la légion, et qui fut nommé chirurgien-major. Il me manquait 3 aides-majors. Avec son concours, je parvins à en trouver deux : M. Cade fils, du Bourg-Saint-Andéol, et M. Panisset, sortant de la marine. Le premier fut désigné pour le 2ᵉ bataillon et le second pour le 3ᵉ bataillon. M. Vaissette se chargea du 1ᵉʳ bataillon. Je chargeai alors chacun de ces messieurs d'organiser une petite ambulance dans leurs bataillons respectifs. Chaque bataillon eut son sac d'ambulance garni et approvisionné d'instruments et médicaments de première nécessité.

Je n'avais pas d'officier-payeur, et, jusqu'au 26 décembre, M. Eugène Scharff, adjudant au 3ᵉ bataillon, en avait rempli les fonctions. Ses connaissances en comptabilité, que j'avais su apprécier, le désignaient naturellement à occuper ce poste délicat et difficile. Je le fis nommer par M. le Préfet, et je me déchargeai ainsi de tout le poids de la gestion financière *(Voir pièce nº 4)*.

Le Conseil éventuel de la légion fut alors formé ; il se composa de :

> MM. Deguilhem, lieutenant-colonel.
> Aurenche, chef de bataillon.
> Robert, capitaine.
> Giraud, lieutenant.
> Scharff, officier-payeur.

Les chefs de bataillon me signalaient dans leurs rapports, comme un embarras sérieux, des hommes constamment malades, des idiots, des myopes, des ivrognes. Pour éviter les traînards, je pris le parti de proposer à M. le Préfet la création d'un dépôt qui, mis sous la surveillance des officiers comptables restant à Privas, se composerait de tous ces impotents et ivrognes qui encombraient les compagnies.

Ce dépôt fut décidé ; il enlevait 106 hommes à la légion, mais il l'épurait.

A la création de ce dépôt, je reçus de M. Salomon, capitaine adjudant-major au 2ᵉ bataillon, nommé depuis peu, une lettre *(Voir pièce nº 5)* me demandant le commandement de ce dépôt.

Beaucoup parmi les hommes qui avaient été désignés refusèrent de quitter leurs compagnies, préférant marcher plutôt que de se voir laisser en arrière comme impropres au service.

M. Salomon, lui, n'attendit pas qu'on le désignât ;

il osa demander. Je refusai. Il se portait très bien et pouvait faire un très bon service.

Pendant toute la campagne, la manière de servir de cet officier, loin d'atténuer en moi la mauvaise impression que m'avait fait sa demande, ne fit au contraire qu'aggraver la mauvaise opinion que j'avais de lui.

Un dernier conseil de réforme dispensa, le 11 janvier, encore un certain nombre d'hommes dans chaque bataillon.

Au dernier moment, le 10 janvier, un rapport du 2e bataillon m'apprend que la gendarmerie était impuissante à ramasser les réfractaires du canton d'Antraigues faisant partie de ce bataillon.

J'ordonne immédiatement au commandant Parchet d'envoyer à leur poursuite un détachement de 20 hommes, commandés par un officier munis de cartouches et de vivres.

Ce détachement, sous les ordres de M. Amblard, lieutenant de la compagnie de Lussas, part le 12 de Villeneuve-de-Berg. Malgré la neige qui couvrait les routes du pays montagneux où il opérait, le lieutenant Amblard ramena au bataillon 12 réfractaires.

Cette mission remplie avec beaucoup de prudence et d'énergie et menée à bonne fin, ferma la bouche aux braillards qui croyaient à des dispenses de faveur.

Je m'étais adressé à la ville d'Aubenas dont les sentiments profondément patriotiques m'étaient connus, demandant à la Commission municipale de m'aider de quelques fonds pour l'achat de mitrailleuses dont je voulais que ma légion fut pourvue.

La Commission municipale reçut la communication de cette demande avec la plus vive sympathie ; mais, à son grand regret, les ressources de la ville ne lui permirent pas de me venir en aide dans cette circonstance *(Voir pièce n° 6)*.

Je considérais des mitrailleuses comme indispensables : j'eus recours alors à une souscription. Les officiers de la légion furent les premiers à s'inscrire ; j'atteignis le chiffre de 8,099 francs. Je fis immédiatement ma commande de mitrailleuses, mais le constructeur ne put me les livrer avant l'armistice. Le délai fixé était expiré : je ne les achetai point. La somme, recueillie à la préfecture, a été déposée à la caisse des dépôts et consignations pour subir plus tard une nouvelle destination.

Sur les rapports des chefs de bataillon qui se plaignaient de la mauvaise qualité des effets, que j'avais aussi constatée moi-même, j'adressai à M. le Préfet une lettre à ce sujet, de même que sur les fusils parmi lesquels j'avais remarqué trois différents calibres.

La réponse de M. le Préfet *(Voir pièce n° 7)*, me fit comprendre qu'il ne pouvait rien changer à cet état de choses. C'était d'autant plus regrettable que je prévoyais les réclamations qui se produisirent à ce sujet parmi les mobilisés portés de mauvaise volonté.

Puisque je parle de l'habillement de la légion, je dois signaler combien j'ai été heureux de trouver à la préfecture des ressources de toute espèce, ramassées là en grande abondance par les soins intelligents de madame Chalamet, présidente de la société de secours aux soldats sous les armes, et qui furent distribuées aux mobiles nécessiteux.

L'organisation de la légion marchait rapidement, et malgré les diverses contrariétés énoncées plus haut, j'attendais avec impatience le jour où le Ministre de la guerre réclamerait le secours de la 2ᵉ légion de l'Ardèche. J'ambitionnais de la voir marcher à l'ennemi aussitôt que celles des départements voisins formées dans des grands centres dont les ressources permettaient de les organiser plus rapidement.

M. le Préfet avait reçu successivement plusieurs dépêches ordonnant le départ *(Voir pièces n° 8 et 8 bis)*, mais, malgré mon désir de marcher à l'ennemi, je demandai des attermoiements jusqu'à ce que je jugeai l'organisation satisfaisante.

Enfin, le 4 janvier, la légion passait sous le commandement de M. le Général commandant la 8e division militaire *(Voir pièce n° 9)*.

L'ordre de départ pouvait arriver d'un moment à l'autre ; je me mis en route immédiatement pour aller inspecter une dernière fois les trois bataillons dans leurs divers cantonnements. Le terrible hiver que nous traversions, joint à l'éloignement des cantonnements occupés, me rendit la tâche difficile. Je rapportai de cette revue générale une impression favorable sur la discipline et l'esprit de la légion.

Quant à l'habillement, je fus moins satisfait. Les pantalons, en drap foulé, étaient dans un état affreux, et cependant les hommes ne les portaient que depuis deux mois à peine. Dans l'impossibilité de les remplacer, je dus autoriser les hommes à mettre des bandes rouges aux pantalons qu'ils avaient apportés de chez eux, quelle qu'en fût la couleur. Cette mesure réussit pleinement ; les hommes trouvèrent tous en général un bon pantalon qui, avec des bandes rouges, approcha tant bien que mal de l'uniforme.

Le 14 janvier, le Général commandant la 8e division est avisé par dépêche du général Crouzat, commandant la division de Lyon, que la 2e légion de l'Ardèche doit être dirigée sur le camp de Sathonay *(Voir pièce n° 10)*.

Au reçu de cette dépêche, j'ordonnai aux chefs de bataillon de diriger sur Privas les hommes désignés pour le dépôt, sous la conduite des officiers chargés des détails de chaque bataillon, qui avaient ordre d'emmener avec eux le reliquat des effets en magasin dans les cantonnements.

Le 15 janvier, je reçois de M. le général d'Azémar l'ordre de diriger ma légion, par les voies ferrées, sur le camp de Sathonay, pour être mise à la disposition de M. le général Martin, commandant supérieur du camp (*Voir pièce n° 11*).

Je transmis immédiatement ces ordres aux chefs de bataillon, en leur indiquant les points où ils devaient s'embarquer.

Je fis partir le même jour, le 15, deux officiers pour le camp de Sathonay, chargés de prendre les ordres de M. le général Martin, relatifs à l'arrivée de la légion, et préparer les baraquements qui lui étaient destinés.

Je devais emmener avec moi la première batterie d'artillerie ; je constate avec regret qu'elle n'était pas prête à mon départ et qu'elle ne le fut jamais. Je fus heureux d'avoir songé à me procurer des mitrailleuses.

Ces précautions prises et assuré de l'exécution de mes ordres, je fais paraître un ordre du jour à la légion (*Voir pièce n° 12*), et je porte à sa connaissance les adieux chaleureux qui nous sont adressés par M. Chalamet, préfet de l'Ardèche (*Voir pièce n° 13*).

DEUXIÈME PARTIE

MARCHES ET OPÉRATIONS MILITAIRES

16 et 17 janvier. — La 2ᵉ légion des mobilisés de l'Ardèche, forte de :

Etat-major : officiers	13
Officiers	88
Troupe (infanterie)	2,594

a été embarquée en chemin de fer à destination du camp de Sathonay (Lyon), savoir :

Le 16 janvier, le 1ᵉʳ bataillon, commandant Aurenche, en gare de Privas où l'avait rallié le détachement cantonné à Chomérac.

Les ferments de désorganisation occasionnés par les dispenses injustes dont j'ai parlé dans la première partie de mon rapport, éclatèrent dans la compagnie de Privas au moment de monter en wagon.

La présence de M. l'Inspecteur général des mobili-sés, de M. le Général commandant supérieur d'Azé-mar, de M. le Préfet et de la garde nationale de Privas tout entière, n'empêcha pas les hommes de manifester hautement leur indignation contre ces dispenses injustes.

Il fallait cependant que la discipline eut raison de cette insubordination surgissant au moment suprême du départ. Je fis un dernier appel au patriotisme de cette compagnie, tout en lui rappelant énergiquement la répression terrible que les lois militaires appliquaient à de pareils actes de désobéissance. Cet appel fut enfin compris, tout rentra dans l'ordre et le départ s'effectua.

J'accompagnai ce bataillon jusqu'à Livron.

Là, lui laissant continuer sa route sur Lyon, je revins sur mes pas jusqu'à Lavoulte pour assister au départ du 3ᵉ bataillon qui devait avoir lieu le lendemain 17 janvier.

Le 3ᵉ bataillon, commandant Blanc, s'embarque le 17 janvier dans la matinée à Lavoulte où s'étaient concentrés les détachements cantonnés à Charmes, St-Laurent et Beauchastel. Le départ s'effectua en bon ordre.

De là je me rendis à Montélimar.

Le 2ᵉ bataillon, commandant Parchet, était parti sans entraves le 16 janvier, quittant Villeneuve-de-Berg et Bourg-St-Andéol pour se rendre à Montéli-mar où il devait prendre le chemin de fer.

Le départ de Villeneuve-de-Berg avait été plein d'entraînement et d'enthousiame. La garde nationale, musique en tête, et la population tout entière accom-pagnèrent le bataillon, qui arriva le 16 janvier à deux heures à Montélimar où il passa la nuit.

Le lendemain 17, j'assistai encore à l'embarquement de ce bataillon qui eut lieu sans encombre.

18 janvier. — Les bataillons étaient arrivés à Lyon dans la nuit du 16 au 17.

Les deux officiers envoyés en avant pour prendre possession des baraquements, au camp de Sathonay, vinrent avertir les chefs de bataillon à leur arrivée que M. le général Martin, commandant supérieur du camp, n'ayant pas reçu d'ordre pour notre réception, ne pouvait immédiatement nous baraquer. Les baraquements étaient au complet.

L'état-major de la place de Lyon, devant cette incurie, mit ses casernes à la disposition de la légion. Ces casernes, dans l'état de dégradation où elles se trouvaient, pouvaient suffire pour une nuit, mais il était temps de remédier à un pareil état de choses. Il eut été préférable de camper que de rester dans de pareils locaux où il était impossible de faire la soupe.

Sur des réclamations réitérées, la place de Lyon se décida à envoyer la légion en cantonnement dans les villages aux environs du camp de Sathonay.

En exécution des ordres reçus :

Le 1er bataillon se rendit à Caluire et Kilieux.

Le 2e bataillon, à Caillou, Fleurieux, Néron.

Le 3e bataillon, à Saint-Rambert, Colonges et Rochetaillé.

19 et 20 janvier. — Les trois bataillons restèrent dans ces divers cantonnements les 19 et 20 janvier.

La légion reçoit ordre, dans la journée du 20, de quitter ses cantonnements le 21 au matin pour se rendre au camp de Sathonay. Au reçu de cet ordre, les chefs de bataillon se rendent au camp pour prendre consigne des baraquements destinés à leurs bataillons.

21 janvier. — La légion arrive au camp de Sathonay et occupe sa journée à son installation. Les ordi-

naires sont organisés dans chaque compagnie pour
fonctionner à dater du lendemain 22. Chaque homme
reçoit sa petite gamelle.

22 au 26 janvier. — La légion est installée et se conforme rigoureusement au tableau de travail du camp qui
lui a été transmis. L'instruction est poussée activement
sous la surveillance d'officiers supérieurs attachés spé-
cialement comme instructeurs des troupes du camp.

*Manœuvres pour toute la légion : deux heures le
matin et trois heures le soir.*

*Théorie pratique pour les officiers et sous-officiers,
de quatre heures à cinq heures et demie du soir.*

*Conférences sur le service en campagne, de huit
heures à neuf heures et demie du soir.*

*Tir à la cible exécuté par chaque compagnie à tour
de rôle sous la direction d'un capitaine de tir.*

Les rapports journaliers constataient une exactitude
rigoureuse aux manœuvres. Officiers et soldats mon-
traient tous la bonne volonté de compléter leur instruction.

Je n'ai aucun fait grave d'indiscipline à réprimer. La
légion était dans une bonne voie; M. le Général en
témoigna sa satisfaction en disant que la 2e légion de
l'Ardèche était une de celles qui marchaient le mieux.
Il remarqua que l'habillement des hommes était in-
suffisant. Fort de cette remarque, je fis demandes
sur demandes pour obtenir des magasins généraux du
camp la livraison des capotes que je savais être disponibles. Je réussis, et le 26 j'en faisais distribuer 1,800
aux hommes qui n'avaient que des vareuses : plus tard
j'obtins le complément.

Tout me poussait à croire que la légion était animée d'un bon esprit, et je voyais arriver plein de confiance le jour où nous recevrions le baptême du feu.

Pendant que je m'occupais activement des derniers détails de l'organisation, une minorité infime de meneurs, se recrutant dans toutes les légions du camp, furent assez misérables pour propager des idées de défection en face de la France envahie.

L'idée fixe d'avoir des fusils se chargeant par la culasse s'empara de l'esprit des hommes ; le bruit se répandit que les Prussiens fusillaient, comme gardes nationaux pris les armes à la main, tous les mobilisés faits prisonniers sans livret. C'est avec ces idées habilement propagées que les meneurs entraînèrent les hommes. Quelle était la source de ces divers bruits ? Les rodeurs étrangers, qui depuis quelques jours parcouraient le camp, auraient pu certainement le dire. Le jour du départ, le commandant Parchet en saisit un à la gorge, devant la gare, au moment où, au milieu d'un groupe de mobilisés, il les poussait à ne pas partir.

Il le conduisit lui-même au commandant de place du camp qui, sans doute, a dû le faire interroger.

Voilà, je crois, où il faut chercher la cause de l'insubordination qui se produisit au camp le 27 janvier, date à laquelle toutes les légions campées à Sathonay devaient être dirigées sur Lons-le-Saunier et mises sous les ordres de M. le général Pélissier, commandant en chef l'armée du Jura.

27 janvier. — J'arrivai promptement à arrêter ces actes d'insubordination avec le concours énergique des chefs de bataillon et de quelques bons officiers. La légion, un moment égarée, revint à de meilleurs sentiments. Les compagnies se dirigèrent vers la gare, et, à trois heures et demie du soir, le 1er et le 2e bataillons, embarqués, étaient dirigés sur Bourg (Ain.)

Je restai en arrière avec la garde du drapeau pour opérer l'embarquement du 3e bataillon et des retardataires des deux premiers bataillons.

L'organisation du train qui devait nous emporter se fit si lentement que notre départ n'eut lieu qu'à dix heures du soir. J'arrivai à Bourg à minuit, où la légion avait reçu ordre de s'arrêter.

La légion n'ayant pas encore campé, je ne pouvais songer, par le temps qu'il faisait, à faire camper pour la première fois. Je m'adressai à l'autorité préfectorale, et je parvins à faire loger la légion tout entière dans de vastes établissements publics et de grands locaux cédés par les habitants.

28 janvier. — A neuf heures du matin, la légion est rassemblée sur une place de Bourg pour prendre les ordres. Je fais lire à tous les officiers appelés au centre mon ordre du jour *(Voir pièce n° 14).*

A partir de ce jour, officiers et soldats cherchèrent à faire oublier leur moment d'égarement. La discipline reprit son cours; appliquée rigoureusement, les hommes s'y plièrent avec docilité. Je sentis que j'avais ma légion dans la main.

29 janvier. — La nouvelle de l'armistice se répand dans la ville de Bourg. Elle m'est officiellement confirmée par le chef d'escadron de gendarmerie commandant la place de Bourg.

Depuis notre départ du camp, la légion se trouve sous les ordres du général Pélissier, commandant en chef l'armée du Jura, dont le quartier-général est à Lons-le-Saunier. Il ne m'est pas parvenu que les troupes composant cette armée aient été réparties en brigades sous le commandement du général Pélissier.

30 janvier. — En exécution d'ordres de M. le général Pélissier, qui me sont transmis par le commandant de place, la légion quitte Bourg pour se rendre :

L'état-major, à Pont-d'Ain ;

1ᵉʳ bataillon, à Jujurieux, St-Jean-le-Vieux et Ambronay ;

2ᵉ bataillon, à Poncin et Cerdon ;

3ᵉ bataillon, à Villard et Chalamont.

Le 3ᵉ bataillon se trouve ainsi à 15 kilomètres du quartier-général de la légion et à 20 kilomètres des deux autres bataillons qui sont sur la rive gauche de l'Ain, tandis qu'il est complètement dans les Dombes.

31 janvier. — Lons-le-Saunier est occupé par l'armée du Jura ; je me trouve donc en seconde ligne. Je prescris seulement aux chefs de bataillon d'étudier attentivement les environs de leurs positions, pour être prêts dans le cas où l'occupation de Lons-le-Saunier par l'armée prussienne forcerait nos troupes de première ligne à se replier sur nous.

Les bataillons sont occupés à l'école de tirailleurs et on fait des théories journalières sur le service en campagne.

1ᵉʳ février. — Une dépêche *(Voir pièce nᵒ 15)* informe les chefs de corps de l'armée du Jura que le territoire de ce département n'est pas compris dans l'armistice et que les hostilités continuent jusqu'à l'établissement d'une ligne de démarcation.

Cerdon, occupé par le 2ᵉ bataillon, commandant Parchet, était le point occupé par ma légion le plus rapproché des limites du département du Jura.

J'étais sans nouvelles des opérations qui avaient lieu aux environs de Lons-le-Saunier à la suite de la clause de l'armistice. J'ordonnai au commandant Parchet de surveiller les routes aboutissant à Cerdon, tant par le nord que par l'est, et de chercher à savoir par tous les moyens en son pouvoir ce qui se passait en avant de ses positions.

2, 3, 4, 5 février. — Les rapports du commandant Parchet, pendant ces quatre jours, ne me signalent aucun mouvement de troupes en avant de Cerdon. Des soldats de toutes armes, débris épars de l'armée de l'Est battant en retraite, arrivent sans cesse par toutes les routes, se dirigeant à Lyon en traversant nos lignes.

Je reste toujours sans nouvelles des mouvements qui ont pu se produire à Lons-le-Saunier depuis la reprise des hostilités dans le département du Jura.

6 février. — Je me rends à Bourg pour avoir enfin des nouvelles officielles sur les opérations de Lons-le-Saunier.

Je suis informé de l'évacuation de cette ville par l'armée du Jura et de son occupation par les troupes prussiennes dont les avant-postes viennent jusqu'à Beaufort, sur le chemin de fer de Bourg à Lons-le-Saunier.

Le 4ᶜ légion du Rhône, celle des Hautes-Alpes, se sont repliées dans Saône-et-Loire; les légions de l'Ain sur Bourg.

On ne connaît pas encore la ligne de démarcation; rien ne me parvient à ce sujet.

7 février. — De retour à Pont-d'Ain, je mets au courant de ces mouvements de l'armée mes trois chefs de bataillon. Il est convenu avec les chefs des 1ᵉʳ et 3ᶜ bataillons qu'ils attendront mes ordres pour prendre des mesures qui, dans les positions qu'ils occupent, ne sont pas encore urgentes. Ils continueront l'instruction.

Je me rends à Poncin et Cerdon. Ces deux points sont devenus positions de première ligne par rapport aux limites du Jura, par suite de l'occupation de Lons-le-Saunier et la retraite dans Saône-et-Loire des légions qui se trouvaient en avant de cette ville.

Je recommande au commandant Parchet de me tenir au courant des mouvements qui pourraient se produire vers les limites du Jura. Cerdon se trouvant l'angle extrême d'un triangle formé par ce point, Ceyzériat et Nantua, la surveillance lui était facile.

Sachant que le département du Jura, pressuré sur tous les points par les bandes pillardes de l'ennemi, était à bout de ressources, ce n'était pas trop présumer de leur audace que de supposer qu'elles pouvaient s'aventurer jusque dans l'Ain, encore intact, pour y réquisitionner, la ligne de démarcation n'étant pas définitivement arrêtée. Averti à temps, mon but était de les en empêcher : je m'en faisais un devoir.

8 février. — Une circulaire du Ministre de la guerre, en date du 6 février, appelait les mobilisés aux élections des députés à l'Assemblée nationale. Ils pouvaient voter soit pour les candidats des départements où ils étaient cantonnés, soit pour ceux de leur propre département.

J'étais candidat, je n'ai point cru en cette circonstance devoir adresser un ordre du jour aux troupes placées sous mes ordres.

J'aurais pu leur dire cependant que, entre deux partis, dont l'un représentait le démembrement de la Patrie et l'autre la victoire au bout de la lutte, l'hésitation n'était point permise, et que le seul vote pour un soldat c'est celui qui ne se ressent point de la peur.

Je donnai des ordres pour la formation des bureaux, le vote eut lieu sans incident, j'en adressai le résultat à M. le Préfet de l'Ardèche.

9 et 10 février. — Les rapports des bataillons constatent le bon esprit de la légion. La discipline y est rigoureusement observée.

Dans ces derniers jours, on a remplacé les effets d'habillement qui étaient en trop mauvais état. Tous les hommes sont pourvus d'une capote et de deux paires de souliers. On a fait une nouvelle distribution de pantalons ; tous les hommes ont reçu un livret.

Les rapports de Poncin ne me signalent aucun mouvement en avant de Ceyzériat et de Nantua. Rien ne fait supposer que l'ennemi ait franchi les limites du Jura.

La retraite des bandes éparses de l'armée de l'Est continue.

11-12 février. — Je suis informé que la légion des Hautes-Alpes a pris position à Ceyzériat et que la 4e légion du Rhône se dirige vers Nantua, passant par Hautecourt.

13 février. — A la suite de ces mouvements, nous nous trouvons de nouveau en seconde ligne. J'en avise le commandant Parchet qui relâche sa surveillance de ce côté.

14 février. — Le général Pélissier informe les troupes sous ses ordres qu'ayant été élu député, il laisse le commandement intérimaire à M. le colonel Carrier, des mobilisés de l'Ain *(Voir pièce n° 16).*

15 et 16 février. — Les bataillons sont dans l'expectative, occupés à leur instruction. Une discipline rigoureuse maintient l'exactitude aux manœuvres. Malgré le spectacle navrant de la retraite de l'armée de l'Est, que la légion a eu journellement sous les yeux, son bon esprit ne se dément pas.

17 février. — Par un ordre du jour en date du 17 février, le général de division Ochsenbein porte à la connaissance des troupes qu'il est appelé au commandement en chef de l'armée du Jura, par décision ministérielle du 13 courant *(Voir pièce n⁰ 17)*.

18 février. — L'armée du Jura est enfin régulièrement constituée *(Voir pièce n⁰ 18)*. Nous faisons partie de la 2ᵉ brigade, sous le commandement du colonel Dubar, de la 4ᵉ légion du Rhône.

19 février. — J'entre en communication avec le colonel Dubar, commandant la 2ᵉ brigade.

Il me transmet un ordre du jour faisant connaître sa prise de commandement *(Voir pièce n⁰ 19)*.

Le quartier-général de la brigade est à Nantua.

20 février. — Je suis informé *(Voir pièce n⁰ 20)*. que l'armistice est prolongé jusqu'au 24 courant, à midi. Le même ordre me fait connaître la ligne de démarcation arrêtée entre les armées belligérantes.

21 février. — Je reçois de la division des instructions pour la troupe pendant les combats *(Voir pièce n⁰ 21)*. J'ordonne que cet ordre sera lu tous les jours à l'appel du matin.

L'intendance met à ma disposition huit voitures de transports auxiliaires que je répartis dans les bataillons.

22 février. — Un ordre de la division m'informe

que l'artillerie de la division, réunie à Bourg, est placée sous le commandement de M. le chef d'escadron Decreuze *(Voir pièce n° 22)*. Le 4ᵉ chasseurs d'Afrique, en retraite de l'Est, est envoyé à Pont-d'Ain. J'obtiens que l'on détache un peloton commandé par un sous-officier pour être mis à la disposition du commandant du 2ᵉ bataillon à Poncin. Cette mesure me rend les communications plus faciles avec ce bataillon et avec le quartier-général de la brigade.

Je reçois un télégramme m'annonçant un prolongement de l'armistice jusqu'au 26 courant, à minuit *(Voir pièce n° 23)*. J'en avise sans retard les chefs de bataillon, en les invitant à continuer à tenir leurs bataillons en haleine. Les rapports de ces derniers jours ne constatent aucune désertion ; par un travail journalier les chefs de bataillon ont su constamment avoir leur bataillon sous la main.

23, 24, 25 février. — Je vais passer une revue générale de la légion. Je commence par le 1ᵉʳ bataillon, le 23 ; le 2ᵉ bataillon, le 24, et je finis par le 3ᵉ bataillon, le 25, en inspectant chaque fraction de bataillon dans la position qu'elle occupe.

Je reviens on ne peut plus satisfait de cette tournée. Ma légion était prête.

26 février. — Je reçois l'ordre de me replier sur Lagneux, sur les indications de mon chef de brigade *(Voir pièce n° 24.)* La division tout entière se replie dans les plaines de Meximieux. Le quartier-général de l'armée sera à Chalamont. Cette nouvelle ligne de bataille fait supposer que l'on veut attendre l'ennemi dans les vastes plaines qui s'étendent d'Ambérieux à Meximieux. Je donne les ordres pour le départ.

27 février. — Toute la légion quitte ses positions pour se replier vers Lagneux dans l'ordre suivant :

Je pars de Pont-d'Ain avec l'état-major et la garde du drapeau, et je me rallie au 1er bataillon à St-Jean-le-Vieux.

Le 2e bataillon part le matin à sept heures de Poncin et Cerdon, et nous rejoint à St-Jean-le-Vieux.

Je prends le commandement de la colonne, et j'arrive à Lagneux à trois heures du soir.

Sans ordre du colonel commandant la brigade, j'établis moi-même ma ligne de bataille.

Pour appuyer ma droite au Rhône, je dirige le 1er bataillon sur St-Sorlin et Saut-Brenat.

Mon centre, le 2e bataillon, reste à Lagneux avec l'état-major et le drapeau.

Le 3e bataillon, parti de Villars et Chalamont, arrive à hauteur de Vaux vers le soir, à quatre heures. Ce point devant être ma gauche, je fais établir dans ce village les cinq compagnies de gauche, et les cinq autres compagnies s'établissent à Lagneux avec le 2e bataillon.

L'importance des villages que j'occupe me permet de loger toute la légion.

28 février. — La légion des Hautes-Alpes traverse Lagneux, allant prendre position à Proulieu et Loyette. Dans la journée, les chefs de bataillon étudient les positions en avant des villages qu'ils occupent.

1er et 2 mars. — La légion est installée dans ses nouveaux cantonnements.

Les commandants des bataillons me font parvenir leurs rapports sur les positions qu'ils ont reconnues en avant d'eux.

Avec ces documents, je parcours à mon tour tous les

environs, et je m'assure diverses positions en cas de reprise des hostilités.

3 mars. — Un ordre nouveau change les emplacements des troupes de la 2e brigade. Ma légion devient aile droite, mais je reste dans les mêmes localités.

Je reçois la visite du colonel Dubar, commandant la brigade, qui vient voir nos positions. Je lui fais parcourir tout le front de ma ligne de bataille. En me quittant, il me témoigne sa satisfaction sur la bonne tenue de la légion.

4 mars. — Par ordre du général commandant la division, je suis appelé à présider la cour martiale de la 4e légion du Rhône, devant laquelle doit comparaître le sieur Ture, ex-porte-drapeau de cette légion, accusé de rébellion, menaces de ses armes envers un habitant et insultes envers ses supérieurs.

L'accusé s'évade le jour même où il devait être jugé, la cour martiale ne siége pas.

Je rentre à Lagneux et j'ordonne une revue générale pour le lendemain.

5 mars. — Le 1er bataillon est passé en revue dans ses cantonnements par son commandant, M. Aurenche.

Je passe moi-même à Lagneux la revue des deux autres bataillons. La tenue est irréprochable, les mouvements et le défilé s'exécutent avec beaucoup d'ensemble.

Je constatai avec plaisir que, dans leurs anciens cantonnements, les commandants avaient mis à l'instruction toute leur aptitude. Je leur en témoignai ma satisfaction.

6 mars. — Les préliminaires de paix venaient d'être

signés. Dans la journée, je reçois du colonel commandant la brigade l'ordre du licenciement et du désarmement.

J'ordonne aux chefs de compagnie de faire immédiatement préparer les états de versement des armes, effets d'équipement et de campement. Le hommes ne devront emporter avec eux que les effets d'habillement et les effets de linge et chaussure y compris le havre-sac.

Je rends les capitaines pécuniairement responsables de la stricte exécution de ces ordres.

Le désarmement devant avoir lieu à Meximieux, je donne les ordres nécessaires pour la mise en route de la légion sur cette ville.

Les bataillons cantonnés à Vaux, St-Sorlin et Saut-Brenat, se concentrent à Lagneux. Je prends le commandement de la colonne et j'arrive à Meximieux où nous passons la nuit du 6 au 7 mars. Le désarmement doit se faire le lendemain 7 mars.

7 mars. — Le désarmement s'opère rapidement dans la matinée.

Je dois constater que cette opération si sérieuse se fit sans contrôle. Lorsque je voulus présenter les états que j'avais préparés d'avance, il me fut répondu qu'ils n'étaient pas nécessaires. Je partis sans pouvoir faire signer les procès-verbaux de mon versement en armes et en effets de campement et d'équipement.

Un mois après l'intendance soumettait à mon approbation les divers procès-verbaux de désarmement. Ces états ne se trouvant pas conformes à ceux que j'avais présentés, je refusai d'en donner décharge.

L'opération de désarmement terminée, je rassemblai immédiatement la légion et je me mis en route pour Montluel où je devais l'embarquer pour Privas. Le train qui devait nous emporter n'était pas prêt. Je fus obligé

de passer la nuit du 7 au 8 dans cette ville et ses environs.

8, 9 et 10 mars. — Après des réclamations réitérées
à l'intendance, les trains qui devaient nous emporter
furent prêts le 8 au soir. L'embarquement se fit rapidement vers les dix heures du soir.

La légion arriva à Privas dans la journée du 9 mars,
et les hommes, sous la conduite de leurs officiers, re-
gagnèrent les communes auxquelles ils appartenaient.

TROISIÈME PARTIE

RESSOURCES MATÉRIELLES ET FINANCIÈRES

Habillement et petit Equipement

J'ai dit, monsieur le Ministre, que l'effectif de la 2e légion s'élevait à 2,695 hommes, ainsi composé :

Etat-Major. . . .	13	
Officiers	88	2,695
Troupe.	2,594	

Il restait un solde d'effets d'habillement et d'équipement après le départ de la garde mobile. Ces objets ayant étant réservés pour la 1re légion de marche, me furent aussitôt distribués par les soins du capitaine d'habillement.

J'avais désigné dans chaque bataillon un officier chargé de la distribution, mais l'éloignement des cantonnements ne m'a pas toujours permis d'agir avec toute la célérité désirable.

Une commission, composée de MM. les conseillers de préfecture, passait journellement des marchés avec des fournisseurs étrangers, et au fur et à mesure de la livraison, je recevais du capitaine d'habillement les objets qui m'étaient destinés.

J'eus souvent à me plaindre du mauvais état et de la mauvaise qualité des effets de toute nature que je recevais.

Les pantalons et les vareuses, que je venais de distribuer il y avait à peine quinze jours, étaient déjà hors de service. J'adressai un rapport à ce sujet à M. Baragnon, inspecteur des mobilisés, en tournée à Privas, et plus tard, quand les plaintes s'élevèrent plus nombreuses et toujours justes, j'écrivis en ce sens à M. le Général et à M. le Préfet.

Cette situation menaçant de ne pas s'améliorer, j'obtins à la fin qu'il me serait permis de prendre dans les magasins généraux de la préfecture du Rhône tous les effets qui me manquaient ; j'avais souci du bien être de mes soldats et ne pouvais partir sans cette précieuse autorisation. J'en profitai largement; il y avait réelle nécessité.

Enfin, avant mon départ, je soumis à la sous-intendance le projet que j'avais de mettre à la suite de ma légion un magasin roulant, indispensable à tous les points de vue. Ce magasin fut reçu par le conseil d'administration et inventorié par la sous-intendance.

Armement.

L'arme destinée à ma légion était le fusil Springfield. Cette arme, des premières arrivées en France, avait servie et s'était usée dans les dernières guerres d'Amérique et ne se trouvait pas du reste à la hauteur des perfectionnements apportés à la fabrication des armes de guerre ; aussi ne s'est-il pas passé de jour où je n'ai demandé le remplacement de ce fusil par des armes d'un meilleur système.

J'avais demandé à plusieurs reprises, et M. le Préfet de l'Ardèche avec moi, à M. Challemel-Lacour, préfet du Rhône, et plus tard à M. Valentin, 2,600 fusils Remington pour armer ma légion.

J'obtins les réponses suivantes : *(Voir pièces n°s 25, 26, 27, 28)*.

Je n'avais emporté de Privas que 100,000 cartouches ; à Sathonay, j'en reçus le même nombre à la suite d'une réclamation faite à la sous-intendance de Privas. Un troisième envoi s'est perdu : un wagon, qui m'était adressé, a fait fausse route et ne m'est jamais parvenu.

Service médical.

Le service médical était ainsi composé :

MM. Vaissette, chirurgien-major.

Cade, aide-major du 2e bataillon.

Panisset, aide-major du 3e bataillon.

J'avais à ma disposition trois sacs d'ambulance complets, mais insuffisants.

L'état sanitaire de la légion ne faisait qu'empirer sous l'influence d'une température froide et humide ; je fis faire une souscription, et plus tard j'obtins de l'intendance une délégation pour l'achat de médicaments nécessaires à chaque bataillon.

Les hôpitaux de Privas, de Lyon et de Bourg, l'ambulance de M. Bonnet à Jujurieux, et celle de M. Cade à Poncin, ont reçu 172 hommes, le plus grand nombre atteints par l'épidémie régnante, la variole.

Trois cas de folie ont été relevés pendant la campagne ;

Deux blessés par accident ;

Huit morts, parmi lesquels :

M. Constant, Louis, de Rochemaure, capitaine à la 6e compagnie du 3e bataillon, décédé à l'hôpital de Lyon, le 10 février ;

M. Cade, Eugène, de Bourg-St-Andéol, aide-major du 2e bataillon, décédé le 15 février, à Poncin (Ain).

J'avais reçu la démission *(Voir pièce n° 29)* de M. Vaissette, chirurgien-major de la légion, que je ne pus retenir auprès de moi *(Voir pièce n° 30)*, à la suite de mauvaises nouvelles reçues de sa famille.

Il fut remplacé par M. Tédenat, docteur-médecin à la Vacquerie (Hérault), qui postulait son admission comme aide-major du 1er bataillon. Le service médical fut de nouveau assuré, grâce au zèle et au dévouement complets de M. Tédenat.

Subsistances.

Pendant son séjour dans le département, la légion perçut la solde de un franc par jour, sans pain ni vivres.

A Sathonay, on appliqua le tarif qui me fut remis par l'intendance *(Voir pièce n° 31)* avec la ration de pain.

Après la levée du camp, j'adoptai le tarif qui m'avait été remis par l'intendance du général Pélissier, toujours avec la ration de pain *(Voir pièces n° 31, 32, 33)*.

La qualité du pain menaçant d'être peu satisfaisante et la distribution peu régulière, j'autorisai les chefs de bataillon à traiter avec les boulangers des localités qu'ils occupaient.

Chaque fois que cela m'a été possible, j'en ai surveillé

moi-même la fabrication. Ce souci primait tous les autres. Grâce à ces dispositions, la légion n'a jamais manqué de pain.

Finances.

Le tableau ci-après donne le relevé des recettes et dépenses faites par la 2e légion de l'Ardèche à partir du jour où, mise sous les ordres de M. le Ministre de la Guerre, elle s'administra en dehors du contrôle de l'autorité préfectorale.

ÉTAT de Caisse présentant les Recettes et les

DATES	RECETTES	SOMMES	
		fr.	c.
JANVIER. 7	Reçu du Trésor à Privas.....................	36545	40
Id. 17	Id. id.....................	47983	20
Id. 31	Id. à Lyon.....................	19529	85
Id. 27	Id. id.....................	24540	"
FÉVRIER 1	Id. à Bourg	24020	42
Id. 15	Id. id.....................	20220	07
Id. 15	Id. id.....................	979	68
MARS. 1	Id. id.....................	21994	89
Id. 1	Id. id.....................	23940	75
	TOTAL DES RECETTES............	219754	26
	REPORT DES DÉPENSES...........	206449	62
MARS.. 10	RESTANT EN CAISSE.............	13304	64

Certifié conforme :
Privas, le 15 Mars 1871.
Le Capitaine Trésorier,
Signé : **BOURGEOIS.**

Garde Nationale Mobilisée de l'Ardèche

DÉPOT

Nous soussignés, membres du Conseil central d'administration, reconnaissons avoir reçu du Conseil éventuel d'administration de la 2ᵉ légion la somme de *treize mille trois cent quatre francs soixante-quatre centimes,* pour trop perçu sur les états de solde de ladite légion, restant en caisse au 10 mars.

Privas, le 15 mars 1871.

Le Capitaine-Trésorier,
Signé : **BOURGEOIS.**

Le Capitaine-Major, président,
Signé : **RAJAUD.**

Le Sous-Intendant militaire,
Signé : **PASCAL.**

Le Capitaine d'habillement,
Signé : **RASCLAS.**

Dépenses faites du 4 Janvier au 10 Mars 1871

DATES	DÉPENSES	SOMMES	
		fr.	c.
JANVIER..	Payé le Bordereau des feuilles de prêt du 1er batail. du 4 au 5	1810	70
	6 10	4521	75
	11 15	4175	75
	16 20	4181	25
	21 25	3513	75
	26 31	3213	20
Id......	Id. id. 2e batail. du 4 au 5	1595	»
	6 10	3898	50
	11 15	3878	75
	16 20	3861	75
	21 23	2281	10
	24 25	995	79
	26 31	2994	66
Id......	Id. id. 3e batail. du 4 au 5	1990	25
	6 10	4890	75
	11 15	4916	75
	16 20	4804	50
	21 23	2698	25
	24 25	1123	81
	26 31	3392	44
FÉVRIER..	Payé le Bordereau des feuilles de prêt du 1er batail. du 1 au 5	2578	08
	6 10	2598	96
	11 15	2596	87
	16 20	2504	06
	21 25	2565	74
	26 28	1517	16
Id.....	Id. id. 2e batail. du 1 au 5	2428	47
	(Voir pièce n° 35 : feuille supplémentaire) 2 5	633	86
	6 10	2462	97
	Id. id. 6 10	790	05
	11 15	3810	05
	16 20	3740	25
	21 25	1973	34
	26 28	1470	98
Id......	Id. id. 3e batail. du 1 au 5	3411	18
	6 10	2944	19
	11 15	2983	69
	16 20	2985	73
	21 25	2979	95
	26 28	1822	73
MARS.....	Payé le Bordereau des feuilles de prêt du 1er batail. du 1 au 5	2514	34
	6 8	1652	08
	9 10	967	»
Id......	Id. id. 2e batail. du 1 au 5	2462	10
	6 10	2613	86
Id......	Id. id. 3e batail. du 1 au 5	2919	85
	6 10	2973	77
JANVIER..	Payé l'état d'émargem. des officiers du 4 au 27 (v. p. n° 34)	19529	90
Id......	Id. id 28 31	2562	28
FÉVRIER..	Id. id. 15	429	68
Id......	Id. id. du mois (V. p. n° 37.)	21694	88
Id......	Id. id. pr la 2e 1/2 entrée en c.	24040	»
MARS.....	Id. id. du mois (V. p. n° 36.)	7373	72
Id......	Versé au Trésor (Recette générale de Bourg)	500	»
Id......	Payé les dépenses de la masse d'entretien..........	379	15
	TOTAL DES DÉPENSES............	206449	62

Aussitôt après le versement de mon restant en caisse, je fis le dépôt du reliquat des effets de mon magasin roulant *(Voir pièce n° 38)*.

Ma mission était terminée le 14 mars, après l'apurement de ces divers comptes. Avant de rentrer dans mes foyers, j'écrivis à M. Chalamet, alors préfet de l'Ardèche, la lettre suivante :

« Privas, le 14 mars 1871.

« *A Monsieur Chalamet, préfet de l'Ardèche.*

« Monsieur le Préfet,

« Avant de quitter Privas pour rentrer dans ma famille, il me reste un devoir à accomplir. Je dois vous remercier de m'avoir rendu la tâche qui m'incombait plus facile, en essayant de communiquer à tous, officiers et soldats, une parcelle du souffle sacré qui vous animait et vous soutenait dans la lourde tâche que vous aviez acceptée au lendemain de l'écroulement général de l'ancien régime.

« Si le pays avait pu être sauvé par la foi la plus vive dans le résultat final, par les efforts que l'enthousiasme seul peut exciter, par le spectacle d'une administration essayant, sous votre impulsion, de sortir des vieilles ornières de la routine, certes il l'eût été, parce que vous avez eu cette foi, fait ces efforts et donné ce spectacle.

« Il fallait alors songer à trouver des armes, des effets de toutes sortes, de l'argent et des hommes, vous avez suffi à tout.

« L'embarras était grand, parce que nos ressources

étaient compromises, sinon bien restreintes, et cependant il fallait agir, le canon sonnait l'alarme et peut-être l'agonie d'un département nouveau.

« Vous avez fait appel aux riches et aux pauvres, et bien des bourses se sont ouvertes ; vous avez voulu des hommes : en moins de deux mois, dix mille hommes ont été rassemblés, équipés et armés, et dans leurs rangs vous avez pu entendre passer parfois ce frémissement d'indignation et ces cris de vengeance qui font les grands cœurs et les belles actions.

« Grâce à votre activité patriotique, la 2e légion a eu l'honneur de partir la première pour contribuer à refouler l'invasion.

« La campagne qui se préparait pour elle aurait pu être rude, grandes pouvaient être les fatigues qui lui étaient réservées, terribles les périls qui l'attendaient, eh bien ! je crois qu'elle aurait pu surmonter à la fin fatigues et périls ; elle n'était point au-dessous des légions voisines et elle se serait mise à la hauteur des grands intérêts qu'elle était appelée à soutenir.

« Organisée par des hommes que vous aviez choisis, conseillée par les officiers de l'intendance, aidée par des chefs mes amis dont les généraux avaient su apprécier les qualités militaires, elle aurait pu concourir d'une façon efficace à la poursuite de l'étranger et au triomphe suprême des institutions républicaines.

« Une paix humiliante est venue briser tout cela. Nul plus que moi ne sent la honte de pareilles conditions. Jusqu'à quand maintenant faudra-t-il courber la tête ?...

« Si quelque chose peut me consoler de voir mes illusions brisées, c'est la satisfaction que donne le sentiment du devoir accompli, l'espoir d'une prochaine revanche et la poignée de main que vous m'avez donnée en vous quittant.

« Veuillez agréer, monsieur le Préfet, l'assurance de mon hommage bien respectueux. »

H. DEGUILHEM,

Ex-colonel de la 2e légion de l'Ardèche.

COPIES

des Ordres, Lettres, Télégrammes et Notes diverses

A L'APPUI DU RAPPORT

N° 1.

République française. — Liberté, Égalité, Fraternité

GOUVERNEMENT DE LA DÉFENSE NATIONALE

Le Membre du Gouvernement de la Défense nationale, Ministre de l'Intérieur,

En vertu des pouvoirs à lui délégués par le gouvernement, par décret en date à Paris du 1ᵉʳ octobre 1870 ;

Vu le décret du 11 octobre 1870 sur l'organisation de la garde nationale mobilisée ;

ARRÊTE :

ARTICLE PREMIER. — Sont nommés aux grades et emplois ci-après, dans la garde nationale mobilisée de l'Ardèche :

M. Ernest MILHOT, lieutenant-colonel de la 1ʳᵉ légion (arrondissement de Largentière).

M. Henri DEGUILHEM, lieutenant-colonel de la 2ᵉ légion (arrondissement de Privas).

M. Joachim RAMPON, lieutenant-colonel de la 3ᵉ légion (arrondissement de Tournon).

Art. 2. — Le Secrétaire général du Ministère de l'Intérieur est chargé de l'exécution du présent arrêté.

Fait à Tours, le 30 novembre 1870.

Signé : Léon GAMBETTA.

Pour ampliation :

Le Secrétaire général,

Signé : Jules Cazot.

N° 2.

République française. — Liberté, Égalité, Fraternité

GARDES NATIONALES MOBILISÉES DE L'ARDÈCHE

ORDRE

Par arrêté du Ministre de l'Intérieur et de la Guerre en date du 1er décembre 1870, le général d'Azémar ayant été nommé commandant supérieur des gardes nationales mobilisées de l'Ardèche, s'est empressé de se rendre à Privas, où il fixe sa résidence jusqu'à nouvel ordre et prend, à partir d'aujourd'hui, le commandement qu'il est heureux de devoir à la confiance du Gouvernement de la Défense nationale.

Privas, le 3 décembre 1870.

Le Général commandant supérieur des mobilisés de l'Ardèche,

Signé : D'AZÉMAR.

N° 3.

Monsieur le Préfet,

Les soussignés ont peine à comprendre l'obstination que met la compagnie de Lavoulte à conserver les sept ouvriers manœuvres qu'une décision du Ministre de la Guerre, en date du 2 décembre, a déclaré être mobilisés.

Les soussignés maintiennent énergiquement les conclusions énoncées dans leur précédent rapport et ils vous prient, monsieur le Préfet, de fermer l'oreille à toute nouvelle réclamation émanant de la compagnie de Lavoulte. Une décision a été prise par le Ministre de la Guerre, il faut qu'elle soit exécutée sans retard. Les réclamations que peut présenter l'usine de Lavoulte ne sont pas sérieuses et, à cette occasion, nous constatons avec peine combien des hommes qui sont éclairés apportent cependant peu de patriotisme et prêtent peu leur concours à l'œuvre de la défense nationale.

Dans une première décision qui avait été prise par le général Bressolles, et où bien certainement la bonne foi du général avait été surprise, la compagnie de Lavoulte avait trouvé le moyen de faire exempter de la mobilisation non-seulement les ouvriers de son usine, mais ceux de sa mine de fer et ceux de sa carrière à castine.

Pourtant cette compagnie n'ignorait pas qu'aucun décret n'autorisait l'exemption des mineurs, et elle devait bien comprendre qu'en exemptant ainsi tous ceux qui, de près ou de loin, travaillent pour commandes de la guerre, on arriverait à n'avoir plus aucun homme mobilisable.

Enfin, et c'est là le point sur lequel nous insistons, il est manifeste pour toute personne qui connaît un peu la compagnie de Lavoulte que ces mineurs dont elle avait obtenu l'exonération *ne lui étaient aucunement utiles.*

Cet exemple nous semble prouver surabondamment qu'il ne faut pas toujours croire à la véracité des allégations de cette compagnie, et si elle demande maintenant avec autant d'obstination le maintien de ces sept manœuvres, elle n'obéit qu'à un vain désir de popularité parmi ses ouvriers et au ressentiment que lui a causé la décision du Ministre brisant l'ordre du jour qu'elle avait eu l'habileté de faire prendre par le général Bressolles.

Mais pour oser prétendre que la mobilisation de ses sept manœuvres est de nature à entraver le travail de l'usine, il faut vraiment que la compagnie croit ceux auxquels elle s'adresse bien simples et bien naïfs.

Pourra-t-on en effet faire admettre jamais à un homme doué du sens commun que si, dans une usine qui compte six cent cinquante ouvriers, on vient à enlever sept manœuvres, ouvriers non spéciaux, qu'on peut remplacer du jour au lendemain, le travail de l'usine sera arrêté ? La prétention ne semble-t-elle pas encore plus monstrueuse, lorsqu'on saura que parmi les ouvriers nombreux occupés par la compagnie, il y en a qui n'ont pas du travail tous les jours de la semaine, et qu'enfin dans la commune de Lavoulte et les communes environnantes, il y a des gens mariés, anciens ouvriers de la compagnie, qui seraient ravis de trouver du travail en ce moment.

Le directeur de Lavoulte semblait d'ailleurs très bien disposé le jour où nous avons été délégués par vous, monsieur le Préfet, pour aller étudier cette affaire sur les lieux. Il n'a fait aucune observation pour retenir ces ouvriers mineurs et ces manœuvres, et a ajouté que pour son compte il ne s'y opposait pas. Les réclamations de la compagnie nous en paraissent d'autant plus extraordinaires aujourd'hui.

En conséquence, monsieur le Préfet, attendu que la demande de la compagnie de Lavoulte n'est aucunement fondée et qu'elle est seulement la preuve d'une absence complète de patriotisme, les soussignés ont l'honneur de vous prier de faire mobiliser de suite les ouvriers sur lesquels a déjà statué le Ministre de la Guerre.

Privas, le 3 janvier 1871.

Signé : DEGUILHEM,
Lieutenant-colonel de la 2e légion.

Signé : DELAFOND,
Ingénieur des mines.

N° 3 *bis*.

CABINET DU PRÉFET DE L'ARDÈCHE

Privas, le 2 janvier 1871.

Colonel,

J'apprends que plusieurs gardes mobilisés de la compagnie de Lavoulte n'ont pas encore rejoint ; j'ai déjà donné des ordres à la gendarmerie pour faire cesser cet état de choses. Je viens vous prier d'intervenir vous même et de faire exécuter ces ordres.

Agréez, etc.

Signé : CHALAMET.

N° 4.   ## PRÉFECTURE DE L'ARDÈCHE

Extrait du Registre des Arrêtés du Préfet.

Le Préfet de l'Ardèche, en vertu des pouvoirs qui lui sont conférés,

Vu l'avis du général d'Azémar, commandant supérieur des légions mobilisées de l'Ardèche,

Arrête :

Article premier. — M. Eugène Scharff, adjudant, est nommé officier-payeur de la 2ᵉ légion des mobilisés de l'Ardèche.

Art. 2. — M. Scharff prendra rang à dater d'aujourd'hui avec le grade de sous-lieutenant.

Privas, le 2 janvier 1871.

Le Préfet de l'Ardèche,

Signé : CHALAMET.

N° 5.

Bourg-St-Andéol, le 7 janvier 1871.

MON COLONEL,

J'ai vu, d'après vos instructions, qu'il allait s'organiser un dépôt dans votre légion. Mon âge avancé et surtout la faiblesse de ma santé, me font malheureusement un devoir de me mettre sur les rangs de ceux qui ne peuvent plus rendre que des services d'organisation ou d'instruction militaire. Dans les circonstances malheureuses que traverse la France, tout le monde doit son concours au salut de la Patrie, chacun dans la limite de ses forces.

J'avais consacré toute ma jeunesse au métier militaire; j'ai été engagé deux fois, mais ma santé ne m'a pas permis de continuer le service militaire, puisqu'il m'a fallu verser 1,200 francs pour une exonération de deux ans qu'il me restait à faire. Etant porté depuis plusieurs années pour officier dans l'armée active, ayant consacré toutes mes études à cette carrière, il est facile de comprendre qu'il me fallait des raisons bien graves pour abandonner ainsi le fruit de tant de labeurs.

Je ne voudrais pas que ma demande fut interprétée comme un acte de poltronnerie, car, comme je le disais il y a quelques jours à Racagel, j'irai jusqu'au bout, et quand je ne pourrai plus tenir je tomberai.

Je ne vous écris donc que pour vous demander la place du dépôt pour le cas où il ne se serait pas présenté d'autres capitaines plus impotents que moi. Car dans ce cas je me chargerai d'organiser le dépôt militairement, tant sous le point de vue d'instruction militaire que pour la comptabilité.

Je vous laisse donc, mon Colonel, juge de l'opportunité de ma demande.

J'en donne connaissance à mon commandant en le priant de l'appuyer dans l'intérêt du service actif *(sic)*.

Tant que la France sera dans une position aussi grave que celle que nous fait l'invasion, tout citoyen se doit au salut de sa Patrie dans la limite de ses forces.

J'ose espérer, mon Colonel, que vous voudrez bien me faire savoir quelle solution peut être donnée à ma demande.

Dans tous les cas, je vous prie de compter sur mon entier et complet dévouement.

Votre tout dévoué capitaine,

Signé : SALOMON.

N° 6.   MAIRIE D'AUBENAS

Aubenas, le 3 janvier 1871.

Mon cher Colonel,

J'ai communiqué à la Commission municipale de notre ville votre lettre contenant une demande de mitrailleuses pour votre légion.

La Commission municipale a reçu cette communication avec la plus grande sympathie, mais, à son grand regret et vu l'absence de toutes ressources, elle se voit dans l'impossibilité de donner satisfaction à votre demande.

En effet, mon cher Colonel, notre emprunt de 100,000 francs n'a pu être entièrement couvert, et le produit réalisé n'a servi qu'a faire face au contingent assigné à notre commune dans les dépenses de la garde nationale mobilisée.

D'un autre côté, la Commission municipale a voté, il y a quelques jours, l'achat de 500 fusils pour l'armement de notre garde nationale sédentaire ; le marché, passé à cet effet avec une maison de Lyon, est en voie d'exécution, et cette dépense va absorber non-seulement toutes nos ressources disponibles, mais encore les crédits affectés aux paiements de nos dettes.

Il ne nous est pas non plus possible de recourir à une souscription publique : nous en avons fait plusieurs, soit pour nos mobiles, soit pour nos blessés, et tout dernièrement pour nos prisonniers français, de sorte que les bourses sont épuisées en ce moment. Enfin et comme partout, nos recettes ordinaires éprouvent, par suite des circonstances actuelles, une diminution considérable.

La Commission municipale m'a chargé de vous exprimer tous ses regrets, mais elle pense que l'organisation presque complète à ce jour de la 1re batterie d'artillerie, qui doit, dit-on, accompagner votre légion, remplira le but qui a fait l'objet de votre demande, et que vous aurez de cette manière, selon votre désir, les moyens de défendre efficacement le drapeau confié à votre dévouement et au patriotisme de nos mobilisés.

Recevez, mon cher Colonel, mes sincères amitiés.

Le Président de la Commission municipale,

Signé : AURENCHE.

N° 7. CABINET DU PRÉFET DE L'ARDÈCHE.

Privas, le 14 janvier 1871.

Colonel,

Les plaintes formulées dans les diverses lettres que vous me communiquez et que je vous renvoie, ne sont plus de mon ressort, et c'est à l'intendance que vous devez les adresser.

Je n'ignore pas que quelques effets d'habillement laissent à désirer, mais vous savez aussi bien que moi que ce sont les fournitures du gouvernement.

Quant aux fusils dont les ressorts sont trop faibles, ce n'est point ma faute s'ils n'ont pas été réparés. Vos hommes les ont depuis longtemps ; c'était à vous de les faire réparer ou à me signaler leur défectuosité.

Agréez, etc.

Le Préfet,

Signé : CHALAMET.

Nᵒ 8. CABINET DU PRÉFET DE L'ARDÈCHE

Privas, le 2 janvier 1871.

COLONEL,

J'ai l'honneur de vous informer que je viens de télégraphier au Ministre de la Guerre, en réponse à une dépêche *urgente* que j'ai reçu ce soir, que jeudi 3 janvier, au matin, votre légion sera mise à sa disposition.

Il y a *urgence*, et je vous prie de prendre toutes vos mesures en conséquence de l'ordre de départ que je vous transmets.

Agréez, etc.

Le Préfet,

Signé : CHALAMET.

Nᵒ 8 *bis*. CABINET DU PRÉFET DE L'ARDÈCHE

Privas, le 3 janvier 1871.

COLONEL,

Nous recevons à l'instant une dépêche du général commandant la division qui ordonne votre départ le plus promptement possible, par voie ferrée, pour Dijon.

Ne trouveriez-vous pas urgent de faire procéder, etc., etc.

Pour le Préfet :

Le Secrétaire,

Signé : CLAUZEL.

N° 9.   ORDRE

—

Aux termes d'une dépêche ministérielle du 5 janvier, la 2ᵉ légion des mobilisés de l'Ardèche est placée sous les ordres du général commandant la 8ᵉ division militaire ; il sera pourvu à sa solde par la sous-intendance.

Privas, le 5 janvier 1871.

Le Général commandant supérieur des mobilisés,

Signé : D'AZÉMAR.

N° 10.   TELÉGRAMME

—

Lyon, 14 janvier, 4 heures, soir.

Général commandant la 8ᵉ division militaire à Préfet Ardèche et à Général Valence.

Par ordre du Ministre, la 2ᵉ légion des mobilisés de l'Ardèche, qui devait aller à Dijon, sera dirigée sur le camp de Sathonay et mise à la disposition de M. le général Martin. Donnez des ordres en conséquence et rendez-moi compte.

Signé : CROUZAT.

N° 11.

République Française. — Liberté, Égalité, Fraternité.

—

ORDRE

—

En exécution des ordres du Ministre de la Guerre, la

2ᵉ légion des gardes mobilisés de l'Ardèche partira par les voies ferrées dans l'ordre suivant :

1ᵉʳ bataillon, le 16, à neuf heures du matin.

2ᵉ bataillon, le 17, à neuf heures du matin.

3ᵉ bataillon, le 17, dans l'après-midi.

Elle sera dirigée sur le camp de Sathonay, à Lyon, pour être mise à la disposition du général Martin.

Privas, le 15 janvier 1871.

Le Général commandant supérieur des mobilisés de l'Ardèche,

Signé : D'AZÉMAR.

<hr>

N° 12.   ORDRE

—

Officiers, Sous-Officiers et Soldats de la 2ᵉ légion,

Le jour du départ est enfin venu ! Bientôt nous pourrons payer à la Patrie notre dette de sacrifices et de dévouement. L'Ardèche, des premières prête au combat, sera aussi des premières à crier : En avant !

Oui ! en avant ! pour le triomphe des idées républicaines. En avant ! pour la vengeance. En avant ! pour la guerre sans merci.

Jugez du sort que les Prussiens nous destinent.

Jugez de ce qu'ils peuvent faire d'après ce qu'ils ont fait jusqu'à ce jour.

L'Alsace a eu ses villes bombardées et brûlées, la Lorraine ses campagnes ruinées et dévastées. Ils ont arraché les vignes de la Bourgogne, coupé ses forêts, et les prairies de la Normandie se souviendront longtemps de ces barbares qui disent comme Attila : « Partout où nos chevaux passent, l'herbe ne repousse pas. »

Pensez aux femmes et aux enfants qu'à Bazeilles ces sauvages jetèrent dans les flammes ; pensez aux paysans fusillés parce qu'ils refusaient de trahir leur pays.

Ces horreurs, soyez en sûrs, se renouvelleraient dans nos

montagnes. Luttons donc à outrance pour nous, pour la République dont les intérêts sont nos intérêts, le triomphe notre triomphe.

Il est temps que le peuple fasse ses affaires, qu'il prenne en main ses destinées, le moment est suprême, et, comme dit le poète anglais : « Etre ou n'être pas » c'est la question.

Mais ayons confiance : nous sommes, nous serons. La France a échappé à de plus grands périls, et ce n'est point lorsque la civilisation a, plus que jamais, besoin de son concours, qu'elle peut succomber.

Cependant, Officiers et Soldats, pour assurer la victoire, j'en appelle, non pas à votre courage : les enfants de l'Ardèche n'en ont jamais manqué, mais je vous recommande la discipline, sans toutefois douter que vous la possédiez. La discipline doit être scrupuleusement observée ; sans elle plus d'unité ; par suite, plus de force.

C'est la discipline qui fait la valeur de nos ennemis, c'est par la discipline que nous les vaincrons. Que ceux d'entre vous qui en sont bien convaincus, et ils sont nombreux, s'efforcent sans cesse d'en convaincre leurs compagnons d'armes, et l'Ardèche pourra être fière de sa 2e légion.

Avant de partir, nous faisons nos adieux à tous nos concitoyens, nous remercions toutes les populations qui ont si généreusement offert l'hospitalité à la 2e légion, nous remercions les dévoués citoyens qui depuis le début de la guerre ont prodigué leurs journées et leurs veilles au soulagement de nos soldats,

Adieu et au revoir, chers concitoyens, nous jurons de faire notre devoir et de maintenir la réputation guerrière de l'Ardèche à la hauteur où l'a placé notre glorieuse mobile.

Comme elle nous crions : En avant ! serrons nos rangs ! mort aux tyrans !

Vive la République !

Privas, le 15 janvier 1871.

Le Lieutenant-Colonel commandant la 2e légion,

Signé : DEGUILHEM.

N° 13. CABINET DU PRÉFET DE L'ARDÈCHE

Privas, le 15 janvier 1871.

Officiers, Sous-Officiers et Soldats de la 2e légion,

Vous venez d'être placés sous l'autorité militaire et par là ma tâche est terminée en ce qui vous concerne. Vous me l'avez facilitée par votre patriotisme et votre amour de la discipline. Je vous en remercie et je viens vous adresser mes adieux.

Encore quelques heures et vous quitterez l'Ardèche ! Que la pensée de tant d'objets de votre affection que vous y laisserez n'amollisse pas votre courage, qu'elle le grandisse et l'exalte au contraire. C'est en effet pour ces chers objets que vous allez combattre. C'est pour préserver vos familles de la misère et de la mort, vos villages du pillage et de l'incendie, vos champs de la dévastation, que vous allez marcher contre les envahisseurs.

Vous n'êtes pas les premiers défenseurs que l'Ardèche a fourni à la Patrie et à la République. Les mobiles sont partis avant vous et ils ont porté haut l'honneur du département.

A deux cents lieues de nos montagnes, ils ont prouvé que cès montagnes renferment des hommes de cœur, des citoyens intrépides, en un mot de vrais Républicains. Vous ne voudrez pas, j'en suis convaincu, rester en dessous de vos plus jeunes frères.

Le métier de soldat est nouveau pour la plupart d'entre vous, mais un Français est bientôt fait à ce métier.

Avant tout, ayez confiance dans vos chefs. Ils seront toujours les premiers à vous donner l'exemple de la patience au milieu des privations et de la bravoure dans le combat, les derniers à s'occuper d'eux-mêmes pour reporter sur vous toute leur sollicitude. Ne leur refusez jamais le respect et l'obéissance auxquels leur caractère leur donne droit comme leur grade. Montrez qu'une armée citoyenne sait mieux qu'aucune autre observer la discipline. L'honneur et le salut de tous sont à ce prix.

Songez aussi toujours à la sainte cause que vous défendez ; n'hésitez pas à faire à la Patrie et à la République le suprême sacrifice de votre vie ; sachez mourir pour que la France vive ; vous revivrez en elle, car elle sera dans l'avenir ce que l'auront faite les morts obscures mais fécondes de ses enfants.

Adieu donc, mes chers compatriotes, nos vœux vous suivront partout et nos cœurs battront de joie et d'orgueil au récit de ce qu'auront fait les mobilisés de l'Ardèche.

Vous y reviendrez après la délivrance de la Patrie, dans cette chère Ardèche, et vous serez heureux et fiers de raconter les grandes choses que vous aurez accomplies, car vous allez contribuer pour votre part à sauver la France et à fonder la République.

Vive la France ! Vive la République !

Le Préfet de l'Ardèche,

Signé : CHALAMET.

N° 14.   ORDRE

—

Appel aux Officiers.

MESSIEURS,

. La réputation de notre chère Ardèche a reçu hier un bien rude échec. L'esprit de démoralisation qui s'est emparé tout d'un coup de la légion, prouve qu'en dehors des meneurs prussiens saisis hier au camp de Sathonay, il y a dans nos rangs des hommes assez misérables pour propager des idées d'insubordination en face des malheurs qui accablent la France.

C'est un crime abominable de pousser à l'indiscipline dans un pareil moment, sous des prétextes que tous les hommes de bon sens savent très bien n'être point justes.

Un simple coup d'œil jeté sur l'armement des légions qui marchent avec nous suffit pour se rendre compte que nos fusils sont encore supérieurs aux leurs. C'est avec ces armes que les légions de Dijon ont remporté dernièrement une si brillante victoire en écrasant nos ennemis.

Travaillez donc à détruire cette prévention chez nos hommes.

S'il y a des armes en trop mauvais état, faites les remplacer par celles des hommes malades.

Passez des revues fréquentes, vous obtiendrez ainsi leur entretien constant.

J'ai remarqué avec une douleur profonde l'inertie d'un grand nombre d'officiers de la légion. Ils n'ont point cette influence sur leurs hommes qui est indispensable à la discipline. Cette inertie a été constatée hier au camp par les généraux. Dans la campagne que nous allons entreprendre, un officier a besoin de se rendre bien compte de ses devoirs. Soyez donc énergiques, signalez-moi les perturbateurs, punissez, soyez sévères mais justes, et vous me trouverez toujours avec vous pour maintenir la discipline. En un mot, apprenez à bien commander et vous serez obéi.

Que ceux parmi vous qui ne se croient point capables d'avoir l'énergie que commandent les circonstances, se retirent et rentrent dans les rangs.

L'acte d'insubordination d'hier provenant d'une infime minorité de meneurs, sera cause, je le crains, de bien grands déboires pour la légion. Appelé à Lyon, je serai de retour dans quelques heures ; je vais essayer d'atténuer les conséquences de la folie commise hier par quelques mauvais citoyens.

J'espère qu'à mon retour, mettant à profit les conseils que je vous donne, l'esprit de la légion sera meilleur. Dans chaque compagnie on réunira les cadres, et les officiers leur feront bien comprendre ce que je désire et, au besoin, ce que j'ordonne.

Bourg, le 28 janvier 1871.

Le Lieutenant-Colonel commandant la 2ᵉ légion,

Signé : DEGUILHEM.

N° 15.   ORDRE

Le général Pélissier aux Chefs de corps placés sous ses ordres.

Le Général porte à la connaissance des chefs de corps la dépêche suivante qui lui parvient par l'intermédiaire du Général commandant à Lyon :

« Je reçois à l'instant du Ministre de la Guerre la dépêche suivante :

« D'après le texte officiel de l'armistice que nous recevons « à l'instant, il est fait une exception que rien ne nous « avait fait pressentir. Les opérations militaires sur le « terrain des départements du Doubs, du Jura et de la « Côte-d'Or, se continuent indépendamment de l'armistice « jusqu'au moment où les deux puissances belligérantes se « seront mises d'accord sur le tracé d'une ligne de démarca- « tion entre les armées desdits départements. Veuillez, en « conséquence, continuer les hostilités à votre appréciation, « avec les moyens dont vous disposez. »

Vu la dépêche précédente, le général ordonne à tous les chefs de corps de prévenir leurs avant-postes et de se tenir sur leur garde.

Signé : PÉLISSIER.

N° 16.   ORDRE

Le Général commandant la division informe les troupes sous ses ordres qu'ayant été élu représentant à l'Assemblée nationale par le département de Saône-et-Loire, il part aujourd'hui pour rejoindre son nouveau poste, et que, conformément aux ordres du Ministre de la Guerre, il remet le commandement provisoire de la division à M. Carrier, colonel, commandant supérieur des mobilisés de l'Ain.

Bourg, le 14 janvier 1871.

Le Général,

Signé : PÉLISSIER.

N° 17.   **ORDRE**

—

Officiers, Sous-Officiers et Soldats,

Par décision du 13 de ce mois, le Ministre de la Guerre m'a confié le commandement de l'armée qui, jusqu'à ce jour, a été sous les ordres du général Pélissier. J'ai accepté ce commandement dans la conviction que vous concourrez de toutes vos forces à délivrer le sol sacré de la Patrie d'un ennemi inqualifiable.

Cette tâche, quoique lourde, n'est pas au-dessus de nos moyens.

Avec une volonté ferme et inébranlable, du courage, de la persistance et le concours de toutes nos armées, nous arriverons à ce but qu'il est de notre obligation d'atteindre.

La Patrie compte sur un suprême effort de ses enfants pour l'arracher des mains de ceux qui la déchirent. Vous ne tromperez pas son espérance. Vous ne faillirez pas à ce grand devoir.

Pour cela il faut une bonne discipline, car sans discipline pas d'armée, sans armée pas de victoires. A cet effet je maintiendrai dans tout une discipline sévère, mais aussi je donnerai tous mes soins à tout ce qui peut regarder le soldat et son bien-être.

Je serai l'ami et le protecteur de tous les bons soldats. Comptez sur moi et je compterai sur vous.

Vive la France une et indivisible !

Bourg, le 17 février 1871.

Le Général de division commandant en chef,

Signé : OCHSENBEIN.

N° 18.   ORDRE

—

Répartition de la division en brigades.

1re *Brigade.* — Commandée par le colonel Carrier.
    Bataillon du Jura.......... 1068 hommes.
    2e Légion de l'Ain........ 1834   —
    3e   —   —   1488   —
    4e   —   —   2400   —

                Total.... 6790

Cette brigade aura son quartier-général à Bourg.

2e *Brigade.* — Commandée par le colonel Dubar.
    Légion des Hautes-Alpes.... 2404 hommes.
    2e Légion de l'Ardèche..... 2695   —
    4e Légion du Rhône 2400   —

                Total.... 7499

Cette brigade aura son quartier-général à Nantua.

Brigade d'artillerie. — Commandée par le colonel Roux.
    25e batterie de 4 du 6e d'artillerie.
    1re batterie montée de 12 des Bouches-du-Rhône.

Bourg, le 17 février 1871.

                Signé : OCHSENBEIN.

N° 19.   ORDRE DE LA BRIGADE

———

Officiers, Sous-Officiers et Soldats,

Par ordre du 17 février, le Général de division commandant en chef fait connaître que je suis appelé au commandement de la 2e brigade de l'armée du Jura, composée :

Des légions des Hautes-Alpes, de l'Ardèche et du Rhône,
et de la compagnie du génie de cette légion.

En prenant le commandement, j'ai la confiance que chacun de vous apportera dans l'accomplissement de ses devoirs de citoyen et de soldat toute l'énergie, le courage et le dévouement que le danger de la Patrie réclame.

Pour atteindre au but auquel tous nos efforts doivent tendre, *la délivrance du sol de la Patrie*, il nous faut serrer nos rangs, affermir nos cœurs et nous familiariser avec une vie nouvelle, la vie du soldat, vie de dévouement et d'abnégation. Le dévouement vous sera facile en face des malheurs de la France, l'abnégation vous l'aurez, il le faut pour le salut de tous, pour la délivrance et la liberté.

Ce qui fera notre force, c'est l'obéissance, la discipline. Je vous demande votre confiance et vous assure de mon dévouement. Je m'efforcerai de rendre votre tâche moins dure par toute la prévoyance possible pour votre bien-être et votre sûreté, mais je demande de vous la discipline sans laquelle le succès est impossible.

A moi donc ! A nous ! les enfants des Hautes-Alpes, de l'Ardèche et du Rhône.

Vive la France ! Vive la République ! Mort aux envahisseurs !

Le Colonel commandant la brigade,

Signé : DUBAR.

N° 20.   ORDRE DE LA DIVISION

Le Général commandant la division porte à la connaissance des troupes sous ses ordres la dépêche suivante :

« 1° L'armistice a été prolongé de cinq jours et expirera par conséquent le 24 du courant, à midi.

« 2° La limite de neutralité convenue avec le parlementaire prussien suit la limite sud des banlieues de Mallerey, Vercia, Rollatier, St-Laurent, Arthenay, Ersia, Rhétouse, Pressely, Dompierre, Marvetin, Mesnois, Charretier ; puis, dans l'arrondissement de St-Claude, une ligne droite de l'ouest à l'est passant par l'église de Denezièvre jusqu'à rencontre de la limite sud de la banlieue de Menetrier. De là la limite se confond avec celle de l'arrondissement de St-Claude.

« Dans les trois jours les troupes doivent être retirées à dix kilomètres de chaque côté de la ligne. »

Bourg, le 19 février 1871.

Signé : OCHSENBEIN.

N° 21. ORDRE DE LA DIVISION

Dans les différentes guerres que notre armée a eu à soutenir, elle a su faire preuve d'aptitudes militaires hors ligne, mais aussi malheureusement elle a contracté des habitudes au feu qui tournent souvent à son désavantage.

Je tiens donc à vous prémunir contre des élans louables, il est vrai, mais quelquefois mal entendus, aussi bien que contre trop de précipitation. Dans le combat on ne saurait trop recommander le calme, le sang froid, l'attention aux commandements des chefs qui ont la mission de vous conduire et de vous protéger.

1° Le cri de guerre des Prussiens consiste dans un hurrah ! qu'ils lancent tous et qui forme par la quantité de voix un ensemble étourdissant. Ce hurrah a pour but d'effrayer les troupes que les Prussiens ont à combattre. Remarquez-bien que les hurrahs ne tuent pas... Répondez-leur par le cri de : Vive la France ! En avant !

2° Dans l'action n'abandonnez jamais vos sacs ; un soldat qui a perdu son sac est dénué de tout et compromet son existence.

3° Lorsque la bataille est engagée, on ne doit jamais abandonner son rang, surtout sous aucun prétexte se mettre sur trois et quatre rangs comme cela arrive quelquefois à des troupes inexpérimentées. Il ne faut agir que d'après les ordres des chefs et être assurés qu'ils tiennent dans leurs mains la sécurité et le salut de tous. Lorsque pour satisfaire à la conception d'une idée nouvelle, on se replie pour reprendre vigoureusement l'offensive, le soldat doit rester à sa place. Dans la retraite comme dans la marche en avant, le coude à coude est de rigueur.

4° Quand le feu est commencé, le soldat doit tirer sans se presser en visant bien autant que possible, mais il ne doit lâcher son coup de feu que lorsqu'il voit l'ennemi, jamais au hasard. Il doit aussi faire bien attention à ne point gaspiller inutilement ses cartouches. Il faut que tout coup porte.

5° L'artillerie ennemie n'est dangereuse que pour ceux qui reculent et s'enfuient. Dans ce cas ils sont tués par les ricochets des boulets. D'ailleurs la masse désorganisée offre plus de prise au tir de l'ennemi. En avançant résolument au pas de course vers l'artillerie ennemie, on parvient toujours à la déloger, et, de plus, arrivé à 500 mètres des canons, on ne risque plus rien, la trajectoire du tir passe au-dessus de vous.

Le général commandant la division charge d'une manière toute particulière les officiers et les sous-officiers de surveiller la stricte exécution de cet ordre.

Ils devront en outre l'expliquer et le détailler aux troupes.

Le Général commandant la division,

Signé : OCHSENBEIN.

N° 22.　ORDRE DE LA DIVISION

Par décision ministérielle en date du 18 courant, M. le chef d'escadron DECREUZE est désigné pour prendre le commandement des batteries d'artillerie attachées à la division.

Cet officier supérieur étant arrivé, entrera immédiatement en fonctions.

Bourg, le 23 février 1871.

Le Général,

Signé : OCHSENBEIN.

N° 23.   TÉLÉGRAMME

Chef d'état-major à Colonel légion Ardèche, Pont-d'Ain.

L'armistice est prolongé jusqu'au dimanche 26, à minuit.

Signé : DERRIER.

N° 24.   ORDRE

A partir de demain soir, 27 février, le général Ochsenbein aura son quartier-général à Chalamont.

Les quatre batteries sous les ordres du chef-d'escadron Decreuze, se dirigeront sur Chalamont et s'y établiront au bivouac.

La 1re brigade..

La 2e brigade aura son quartier-général à Leyment, et appuiera son aile gauche à St-Maurice-de-Reymens et son aile droite à Chazey-sur-Ain.

La légion de l'Ardèche, aujourd'hui à Pont-d'Ain, Poncin et ses environs, se mettra en route demain 27, pour se rendre aux environs de Lagneux ; elle emportera du pain pour deux jours, 27 et 28, et à défaut elle en prendra en passant à Ambérieux. Le commandant de cette légion prendra les ordres de son chef de brigade pour se cantonner.

La 3e brigade..

Le corps du lieutenant-colonel Bourras se rendra à Ambutrix et Vaux. Il aura son quartier-général sur ce dernier point.

Bourg, le 26 février 1871.

Le Général,

Signé : OCHSENBEIN.

N° 25.

TÉLÉGRAMME

Colonel Deguilhem à Préfet du Rhône.

Je renouvelle à M. le Préfet la promesse qu'il m'a faite de donner à la 2e légion de l'Ardèche des fusils Remington, en remplacement des fusils Springfield.

Signé : DEGUILHEM.

N° 26.

TÉLÉGRAMME

Préfet du Rhône à colonel Deguilhem, Pont-d'Ain.

Ma promesse n'est pas oubliée. Votre dépêche a été remise au capitaine d'armement.

Signé : VALENTIN.

N° 27. CABINET DU PRÉFET DU RHONE

Lyon, le 17 février 1871.

A Monsieur le Préfet de l'Ardèche.

Monsieur et cher Collègue,

Par votre dépêche du 13 février courant, vous me demandez de faire délivrer des fusils Remington au colonel Deguilhem de la 2e légion de l'Ardèche.

J'ai l'honneur de vous informer que le département du Rhône n'a pas même de fusils Remington pour armer la 5e légion de marche.

Dans cette situation, je ne puis que vous engager à vous

adresser directement à M. le Ministre de la Guerre, à Bordeaux.

Agréez, etc.

Pour le Préfet du Rhône :

Le Secrétaire général,

Signé : M. GOMOT.

N° 28. CABINET DU PRÉFET DU RHONE

Lyon, le 20 février 1871.

MONSIEUR LE COLONEL,

Vous m'avez demandé de faire délivrer des fusils Remington aux hommes qui composent la 2ᵉ légion de l'Ardèche.

J'ai l'honneur de vous informer que le département du Rhône n'a pas de fusils Remington pour armer la 5ᵉ légion du Rhône ; c'est à l'autorité militaire que vous devez vous adresser pour obtenir la délivrance de ces armes.

J'ai écrit dans ce sens le 17 février à mon collègue de l'Ardèche.

Agréez, etc.

Pour le Préfet du Rhône :

Le Secrétaire général,

Signé : M. GOMOT.

N° 29. LETTRE

de M. Vaissette, chirurgien-major, au colonel Deguilhem.

Pont-d'Ain, le 8 février 1871.

MON COLONEL,

J'ai l'honneur de vous donner ma démission de chirurgien-major de la 2ᵉ légion de l'Ardèche. Je me retire dans ma famille.

Puisque la guerre est finie, puisque la France est décidée à subir les conditions de la Prusse, je n'ai plus le droit de rester éloigné de ma femme et de mes enfants malades.

. . . .

Je conserverai toujours, mon cher Colonel, un excellent souvenir des bonnes relations que j'ai eu avec quelques officiers de la légion et. . . . .

Agréez, etc.

Signé : **VAISSETTE.**

N° 30.   LETTRE

de M. Vaissette, chirurgien-major, au colonel Deguilhem.

Taulignan, le 17 février 1871.

Mon Colonel,

. . . .

.... Non, tenez, Colonel, n'insistez pas pour que je retourne auprès de vous, ne fusse que pour huit jours, laissez-moi soigner ma famille.

Alors qu'il s'agissait encore de Patrie, nous avons tout quitté et avions fait le sacrifice de notre vie pour arriver à la délivrance, mais aujourd'hui qu'il est bien positif, bien certain que la France est à la merci de la Prusse, que nos soldats veulent la paix à tout prix, qu'en un mot il n'y a plus rien à faire, je rentre chez moi et j'y reste.

Veuillez, etc.

Signé : **VAISSETTE.**

N° 31.   TARIF DE SOLDE

Adjudant sous-officier	2 13
Caporaux-tambours	» 66
Vaguemestre sergent-major	1 23
Sergents-majors	» 85
Sergents et fourriers	» 85
Caporaux	» 56
Soldats	» 40
Tambours et clairons	» 50
En remplacement de vivres	» 12
Indemnité extraordinaire en rassemblement à l'adjudant sous-officier	» 15
Indemnité extraordinaire en rassemblement aux sous-officiers	» 08
Indemnité extraordinaire en rassemblement aux soldats	» 05
Supplément à l'ordinaire	» 05
Au vaguemestre	» 80

N° 32.   TABLEAU DE RATIONNEMENT

Chauffage. — Subsistances.

La légion n'a jamais été mise aux vivres de campagne.

N° 33.   NOTE EXPLICATIVE

M. Eudes, intendant de l'armée, avait tenté plusieurs fois de mettre ma légion aux vivres de campagne. Mais j'avais appris de mes collègues de l'Ain et des Hautes-Alpes que la distribution était lente et difficile ; en outre, j'avais cons-

taté moi-même que la qualité des vivres laissait beaucoup
à désirer.

Je refusai donc de pratiquer ce système, et je continuai à
appliquer le tarif n° 31 en percevant seulemement la ration
de pain.

N° 34.   CIRCULAIRE

du Ministre de l'Intérieur au Préfet de l'Ardèche.

SOLDE ET ENTRÉE EN CAMPAGNE DES OFFICIERS

La retenue de 2 % doit être exercée sur le traitement des
officiers d'artillerie comme sur celui de tous les autres offi-
cièrs de la garde nationale mobilisée.

Le Secrétaire général du Ministre de l'Intérieur,

Signé : Jules CAZOT.

N° 35.   NOTE EXPLICATIVE

Les boulangers de Poncin et Cerdon n'ayant pas reçu de
l'intendance divisionnaire un ordre de fabrication, refusaient de faire des livraisons de pain.

J'ordonnai que la solde départementale fût provisoirement
payée aux hommes de ces détachements jusqu'à ce que
mes demandes réitérées eussent décidé l'intendance de
Bourg à envoyer l'ordre exigé par les boulangers.

Ces détachements firent des feuilles de prêt supplémen-
taires.

N° 36.   NOTE EXPLICATIVE

L'officier-payeur de la légion, envoyé par mon ordre à Lyon au moment du licenciement, n'avait pu faire émarger tous les officiers sur la feuille de solde du mois de mars.

La différence fut remise à M. le capitaine-trésorier qui voulut bien se charger dès lors de faire parvenir aux officiers qui n'avaient pas émargé le montant de leurs émoluments de mars.

Ci-après copie conforme du reçu de la somme versée à cet effet :

2ᵉ Légion des Mobilisés de l'Ardèche.

Reçu de M. Scharff, officier-payeur de ladite légion, la somme de quatre mille deux cent quatre-vingts francs six centimes, pour payer les officiers de la 2ᵉ légion qui n'ont pas reçu leurs appointements du mois de mars.

Privas, le 15 mars 1871.

Le Capitaine-Trésorier,

Signé : BOURGEOIS.

N° 37   **NOTE EXPLICATIVE**

La solde du mois de février de quelques officiers démissionnaires, décédés ou restés malades à Privas, a été réglée par la pièce suivante portant quittance du Capitaine-Trésorier :

NOMS, PRÉNOMS, GRADES ET MUTATIONS	VERSÉ au Trésor.	CAISSE des Consignat^{is}	A PAYER aux OFFICIERS.
1° Pour M. Vivaud, sous-lieutenant, différence de solde de présence à celle d'hôpital, du 4 au 31 janvier 1871..................	145 97 2	" "	" "
Versé au Trésor la solde de M. Mounier, capitaine, absent irrégulièrement pendant le mois de février....................	153 53 3	" "	" "
Versé au Trésor la solde de M. Vivaud, sous-lieutenant, pour le mois de février.	114 33 3	" "	" "
2° Pour le capitaine Constant, mort le 10 février : Solde du 4 au 27 janvier inclus.. 222 56 4 / Solde d'hôpital du 28 au 31 janvier 15 35 3 / Solde d'hôpital du 1er au 9 février. 46 06	" "	283 97 7	" "
3° Pour le médecin aide-major Cade, mort le 15 février : Solde de présence des 28, 29, 31 janvier.................... 22 45 8 / Solde de présence du 1er au 14 fé-vrier..................... 95 93 9	" "	118 39 7	" "
4° Pour M. Vaissette, médecin-major, démissionnaire du 8 février : Solde de présence du 28, 29, 31 janvier.................... 22 45 8 / Solde de présence du 1er au 8 fé-vrier..................... 105 68 9	" "	" "	145 20
	413 83 8	402 37 4	145 20
Total des sommes à verser au Trésor	413 83 8		
Id. id. à la Caisse des Consignations......................	402 37 4		
Total des sommes à payer aux officiers.....	145 20		
TOTAL GÉNÉRAL..........	961 41 3		

Reçu de M. Scharff, officier-payeur, la somme de *neuf cent soixante-et-un francs quarante-et-un centimes.*

Privas, le 15 mars 1871.

Le Capitaine-Trésorier,

Signé : BOURGEOIS.

N° 38.

DÉPARTEMENT DE L'ARDÈCHE

Garde Nationale Mobilisée. — 2ᵉ Légion

ÉTAT de versement d'effets de toute nature opéré au magasin du Capitaine d'habillement et provenant du magasin roulant de la légion.

DATES	HABILLEMENT						ARMᵗ	GRAND ÉQUIPEMENT					PETIT ÉQUIPEMENT								CAMPEMENT		
	Vareuses.	Capotes.	Pantalons.	Galons de Sergents.	Galons de Caporaux.	Galons d'or en pièces	Fusils et Bayonnettes.	Ceinturons.	Cartouchières.	Porte fourreaux.	Fourreaux.	Bretelles de fusils.	Havre-sacs.	Petites Gamelles.	Petits bidons.	Chemises.	Caleçons.	Cravattes.	Souliers	Guêtres.	Tentes.	Couvertures.	Marmites.
17 Mars 1871........	20	77	240	4	16	7 50	2	5	5	5	5	2	4	34	13	201	506	439	277	230	16	17	1
TOTAUX........	20	77	240	4	16	7 50	2	5	5	5	5	2	4	34	13	201	506	439	277	230	16	17	1

Arrêté le présent état aux quantités ci-dessus énoncées.

Privas, le 15 mars 1871.

Vu : *Le Capiaine-Major,* Accepté : *Le Capitaine d'habillement,* *L'Officier de détail de la Légion.*

Signé : RAJAUD.   Signé : RASCLAS.   Signé : GIRAUD.

GARDE NATIONALE MOBILISÉE DE L'ARDÈCHE

Cadres de la 2ᵉ Légion

M. le Général Baron d'Azémar, commandant supérieur des mobilisés de l'Ardèche.

ÉTAT-MAJOR

MM. Deguilhem Henri, lieutenant-colonel.
Vaissette, chirurgien-major.
Aurenche, chef du 1ᵉʳ bataillon.
Parchet, Adolphe, chef du 2ᵉ bataillon.
Blanc, Adolphe, chef du 3ᵉ bataillon.
Panisset, aide-major du 3ᵉ bataillon (2ᵉ classe).
Cade, Eugène, aide-major du 2ᵉ bataillon (2ᵉ classe).
Tédenat, aide-major du 1ᵉʳ bataillon (1ʳᵉ classe).
Lacoste-Roche, capitaine adjudᵗ-major (1ᵉʳ bataillon).
Salomon, Henri, capitaine adjudᵗ-major (2ᵉ bataillon).
Jacquart, capitaine adjudant-major (3ᵉ bataillon).
Scharff, Eugène, officier-payeur.
Giraud, Louis, officier de détail.
Grivel, porte-drapeau.

COMPAGNIES

1ᵉʳ BATAILLON

1ʳᵉ Compagnie.
MM. Bouveyron, capitaine.
Blacher, Combier, lieut.

2ᵉ Compagnie.
MM. Senouillet, capitaine.
Giraudon, Blache, lieut.

3ᵉ Compagnie.
MM. Béal, capitaine.
Faure, Faugier, Valette lieutenants.

4ᵉ Compagnie.
MM. Chabert, capitaine.
Blanc, Chareyre, lieut.

5ᵉ Compagnie.
MM. Marius Marmey, capit.
Marmey, Gourdol, lieut.

6ᵉ Compagnie.
MM. Monier, capitaine.
Delarbre, Vivand, lᵗˢ.

7ᵉ Compagnie.
MM. Robert, capitaine.
Giraud, Broet, lieut.

8ᵉ Compagnie.
MM. Lacoste-Roche, capitaine adjudant-major.
Féougier, Avenas, lieut.

9ᵉ Compagnie.

MM. MOUNIER, capitaine.
MERLEY, CHAMBOULEY-
RON, lieutenants.

10ᵉ Compagnie.

MM. FAYSSE, capitaine.
GIRAUDON, CHARRIÈRE,
lieutenants.

2ᵉ BATAILLON

1ʳᵉ Compagnie

MM. CORNUT, capitaine.
TERRASSE, RACAGEL, lieut.

2ᵉ Compagnie.

MM. CARSSIGNOL, capitaine.
ALLÈGRE, PONTAL, lieut.

3ᵉ Compagnie.

MM. GOUY, capitaine.
AMBLARD, FAUCON, lieut.

4ᵉ Compagnie.

MM. HUTIN, capitaine.
MOUNIER, POMMIER, lᵗˢ.

5ᵉ Compagnie.

MM. SAUDADIER, capitaine.
LAVILLE, DE VERCORS, lᵗˢ.

6ᵉ Compagnie.

MM. DURAND, capitaine.
CHABAUD, CHARAY, lieut.

7ᵉ Compagnie.

MM. LAROCHE, capitaine.
MOUNIER, Ur., BOIRON, lᵗˢ.

8ᵉ Compagnie.

MM. CHAMPANHET, capitaine.
MOUNIER, Eˡᵉ, DELAYGUES,
lieut.

9ᵉ Compagnie

MM. MARCEL, capitaine.
VERNÈDE, BOURÉLY, lᵗˢ.

3ᵉ BATAILLON

1ʳᵉ Compagnie.

MM. PIGEIRE, Philippe, cap.
BORELLY, L., GENTON, P., lᵗˢ.

2ᵉ Compagnie.

MM. CHALANCHE, Casimir, cap.
TASTEVIN, RIBEYRE, lieut.

3ᵒ Compagnie.

MM. TOURRETTE, Henri, cap.
SEIBEL, Aᵗ, RÉGENGE, lᵗˢ.

4ᵉ Compagnie.

MM. BRIAND, capitaine.
DELHOMME, CROZE, lieut.

5ᵉ Compagnie.

MM. LAGARDE, capitaine.
MOULIN, VILLARD, P., lᵗˢ.

6ᵉ Compagnie.

MM. CONSTANT, capitaine.
RIBON, JAMMES, lieut.

7ᵉ Compagnie.

MM. CHAIX, capitaine.
TEYSSIER, PÉRRIN, lieut.

8ᵉ Compagnie.

MM. GROS, capitaine.
RIEU, VILLEDIEU, lieut.

9ᵉ Compagnie.

MM. BARON, capitaine.
BERGON, LUBAC, lieut.

10ᵉ Compagnie.

MM. VERNET, capitaine.
LEYNAUD, BOYER, lieut.

DÉPOT

MM. BAYLON, DADAY, ROCHETTE, lieutenants.

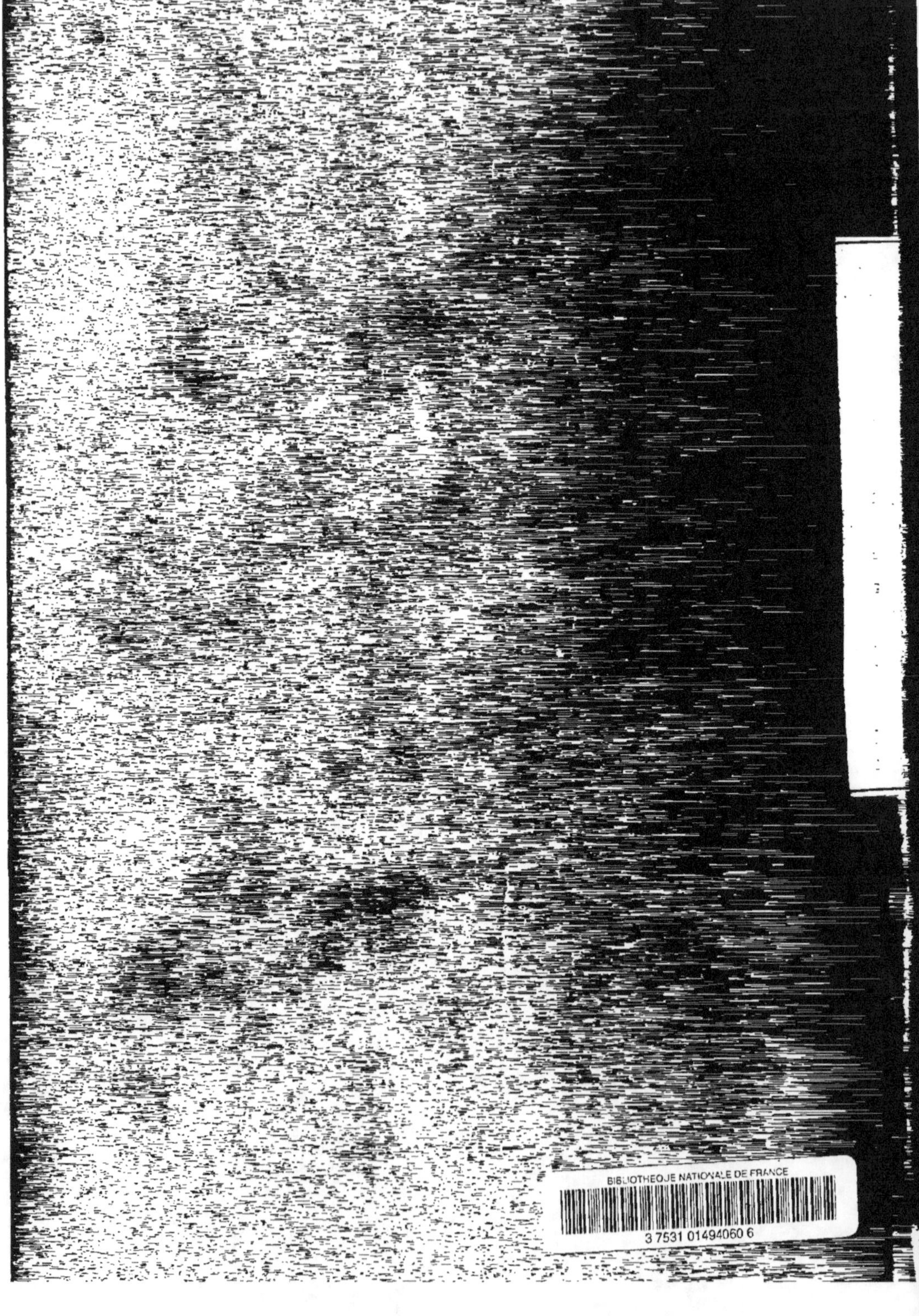

9 7 8 2 0 1 2 9 8 8 7 6 7